愛欲、と情念の京都案内

魔の潜む
こわ〜い街へようこそ

Kyoto Guide for
Sexual Desire &
Passions

花房観音
Hanabusa Kannon

京都しあわせ倶楽部
PHP

はじめに

大学入学のために十八歳で京都に来た。

最寄りの駅から七キロ、ＪＲの電車は一時間半に一本しかない兵庫県北部の田舎《いなか》に生まれ育った私にとっては、大都会だった。

そもそもは京都に住みたい！　と思っていたわけではなく、いくつか受験して、たまたま合格したのが京都の女子大だったのだ。第一志望だった大阪の大学には落ちたので、いささか不本意でもあった。

京都という街が面白いと思ったのは、大学一年生の夏にバスガイドのアルバイトを始めてからだ。司馬遼太郎などの歴史小説が好きだったので、大学の寮の机の上に並べていたら、それを見た同級生が、「修学旅行生を案内するバイトがあるよ。歴史好きなら、面白いんじゃないの」と誘ってくれたのがきっかけだ。

祖父の影響で幼い頃からＮＨＫの大河ドラマを欠かさず観ていた。日本史は大好きだったので、そのバイトに応募した。最初は室内で講義を受け、日曜日には京都を歩き回り、暗記をしてバスのなかで案内をして、とにかく大変ではあったが、実際にガイドとして勤務するようになった。そうなると、学校の勉強よりもよっぽど面白くなり、結局大学は留年し中退する羽目になった。

中退後は京都市内の映画館で働いたり、添乗員もやっていたが、いろいろ事情があり、三十歳のときに実家に戻らなければいけなくなった。

実家に戻った当初は旅行会社で少しだけ働いて、バスガイドの経験があるということから、添乗員をしながらバスガイドもするようになった。それからなんだかんだあったのだが、三十五歳で、再び京都に舞い戻ったときに、今も所属しているバスガイドの紹介所にお世話になり始めた。三十九歳で、たまたま書いた官能小説が新人賞を受賞し、小説家になってからも、なんとなくバスガイドを辞めてはいない。今は官能小説だけではなく、ホラー、怪談、時代小説など、さまざまなジャンルを書きながらも、現役でバスガイドは続けている。

京都は歴史があり、それにまつわるエピソードが多くて面白い場所だとは思っていたが、怖いと思い始めたのは、三十五歳で京都に戻ってきてからだ。

一度、京都を離れてから、私にとってのこの街の意味は変わったし、年を取れば取るほどに、それまで当たり前に受け入れていた、京都にまつわる話に疑問が生じたり、裏読みして真相に気づき始めた。

そうなると、ますます京都に惹《ひ》かれた。京都の深みに、京都の裏側に、京都に住んでいた人たちに。

平安京をつくるときに、魔から守るために四神に囲まれたこの土地を選んだというが、どちらかというと、魔から守るよりも、魔を閉じ込めているようにしか思えなかった。

おそらく、その魔の正体は人間の欲望だ。

古くから権力が吹き溜まり、人が人を愛し、殺し、憎んだこの土地には、強い人間の欲望が、地縛霊《じばくれい》のように存在しつづけている。

欲望という魔を今でも封じているのが、この京都という街ではないか。

そんな愛と欲望と怨念《おんねん》と嫉妬《しっと》の渦巻く街を、今からご案内します。

愛欲と情念の京都案内

目次

第二章 魔が怖い

第三章　人の念が怖い

第四章　恋が怖い

第一章

女が怖い

【美人になりたい　美御前社・河合神社】

女であることは幸福なのか不幸なのか――その問いの答えは、四十年以上「女」をやってきても、いまだにわからない。

たしかに女であることで得をすることは多い。女というだけでおごられたり、守られたりと恩恵を受けることがあるし、まだまだ社会のなかでは「男が女を養う」という構図があり、その枠組みのなかに入り込み安穏《あんのん》と過ごすならば、責任と重圧から逃れる生き方も可能だ。

けれど女であるがゆえに受ける恩恵は、苦しみと表裏一体だ。社会のなかで女が男から恩恵を受けるためには、容姿の美しさ、それにくわえて若いという条件がついている。若くも美しくもない女に対して、男たちは容赦《ようしゃ》ない。世間でいちばん賞賛されるのは美しく若い女だ。男だけじゃない、女だって美しい女のほうが好きだ。だから女は美しく、若くあろうとする。

醜《みにく》い女に世間は容赦ない。ニュースの見出しに「美人すぎる○○」と書かれるのは、世間は美人が大好きだからだ。逆に醜い女がニュースの主役になれば、「ブス」「デブ」「ババア」と叩かれる。たとえそうやって罵倒《ばとう》する者たちの容姿がどうであれ、自分のことは棚に上げてもいいことになっているかのように。

たとえ男の賞賛がなくても、醜いより美しいほうがいいに決まっている。醜い容姿の何が不幸かというと、自分を憎んで嫌ってしまうからだ。だから女は自分を愛するために美人になろうとする。

祇園《ぎおん》の八坂《やさか》神社のなかには**美御前社**《うつくしごぜんしゃ》（MAP[D]①）という美人祈願の神社がある。祭神は八坂神社の祭神スサノオノミコトの剣から生まれた市杵島比売命《イチキシマヒメノミコト》、多岐理毘売命《タギリビメノミコト》、多岐津比売命《タギツヒメノミコト》。祇園という場所柄もあり、舞妓《まいこ》、芸妓《げいぎ》などがお参りに訪れる。その他、美容院やエステサロンなどの業者も見かける。社殿前には美容水と呼ばれる、この水を二、三滴とって肌につけると「身も心も美しくなる」と言われている水もあり、参拝者は絶えない。

下鴨《しもがも》神社の摂社《せっしゃ》である**河合**《かわい》**神社**（MAP[H]②）は、もともと『方丈記』の鴨長明がここの生まれだということで知られているが、最近は美人祈願の神社として注目を集めている。祭神である玉依姫命《タマヨリヒメノミコト》が女性ならではの美しくなりたいという願望を叶《かな》えてくれるとかで、「日本第一美麗神」と書かれた看板が掲げられ、女性参拝客が列をつくっている。境内《けいだい》には手鏡の形をした鏡絵馬があり、そこに自身がなりたい顔を描いてお参りすると願いが叶うという。売店では下鴨神社で採れた美容にいい花梨《かりん》を使った美人水、美人氷、美人飴《あめ》が売られている。近年、売店ができたせいか、いつも女性の参拝者が多く詰め掛けて、美しくなりたいという女性たちの願いが渦巻いている。

美しくなりたいという女の願望は、ときには男の欲望を凌駕《りようが》する。「美」にとり憑《つ》かれ不自然に若づくりをした女や、ダイエットのやりすぎで骨と皮だけになっている人も世の中にはたくさんいるが、それでも女は美しくなろうとすることをやめない。化粧やダイエットや整形で女が美しくなろうとするのを、男に好かれたいから、男に媚《こ》びるため、などというのは大きな間違いだ。

美の基準は曖昧《あいまい》だ。誰もがモデルのような体型や整った顔立ちを「美」と思うわけではない。実際に美御前社に描かれている女の顔は、しもぶくれで目の細い、いわゆる平安美人で、現代ならば「なりたい顔」には選ばれないだろう。

私は劣等感に苦しむぐらいなら整形したほうがいいと思っているけれど、世の中には整形ジャンキーとなってしまい、不自然な「美」を追い求める人たちもいるし、まだだ整形に対して「親からもらった身体《からだ》にメスを入れるなんて」と批判する層もある。

女性の願いを叶えてくれる河合神社

美は誰のためにあるものだろう。好きな男のため？　世間から「綺麗《きれい》」と言われるため？　それすら超えてしまう美が存在する。度を越した女の「美」への欲望は、女をモンスターにする。こうして神社に手を合わせて、神さまに「綺麗になりたい」などと思っているうちが、いちばんいいかもしれない。
美人は得だけれども、だからといって必ず幸せになれるわけではない。世の中には、美人で不幸な女も、ブスで幸福な女もたくさんいる。

結局のところ、幸せとは自分を愛せるかどうかなのだから。

自分を愛するために美しくなろうと女たちがここに訪れるのだと、「美人祈願」の神社の前を通るたびに、いつも思う。

【美人は幸せになれるのか　随心院・補陀洛寺】

美人だから幸せになれるわけではないと前項で書いたけれど、そんなときに思い浮かぶのは小野小町《おののこまち》だ。

クレオパトラ、楊貴妃《ようきひ》、小野小町は世界三大美女と言われているが、昔から、この言葉を目にするたびに、誰が決めたんだよ、その三人すべてを見た人はいないだろうと不思議だった。それはともかく、日本を代表する美人といえば小野小町であることは間違いない。いまだに「〇〇小町」と美人の代名詞に使われるぐらいだ。

平安時代、身分の高い女性は表に顔を出さなかったから、髪の毛の艶《つや》や色などの美しさやつくった歌が「美」の基準だったと言われる。そう考えると、きっと自己演出の上手《うま》い人だったのだろう。

なるほど小町には謎が多い。何よりも彼女を日本一の美女にしたのは、彼女自身が男を受け入れなかったからではないか。ハンター気質の平安時代の貴族の男たちは、どれだけ求愛しても振り向かない小町に想いを募らせ、小町像を膨れ上がらせた。女はさらけ出して露出しすぎてはダメなのである。男が恋をするのは「女」の幻想だ。幻想が崩壊したとき、その想いは終わるか、愛に変わるかのどちらかだ。

小野小町だって恋の歌は残しているから、好きな男はいたはずだ。けれど、小町は、モテるがゆえに、やむをえず多くの男を袖にして恨《うら》まれ、後世、ひどい言われようだ。穴がなかっただの、老いて老醜《ろうしゅう》を晒《さら》した像までつくられて……美人に嫉妬するのは女だけど、美人を思いどおりにできなかったときの男の恨みのほうがしつこくて怖い。

山科《やましな》の随心院《ずいしんいん》（ＭＡＰ🄻③）には小町に会うために百夜通い、百夜目に凍死した深《ふか》草《くさの》少将《しょうしょう》の話が伝わっている。境内には、男たちからもらった百通の恋文を埋めたとされる小町文塚もある。

叶わぬ一方的な想いはホラーでしかない。多くの女性には心当たりがあるだろう。叶わぬ想いを抱くほうも、抱かれるほうも、その想いが強くなればなるほど恐怖に変化する。自分が何の興味も抱かない男に迫られて、小町はきっと諦めさせるために「百晩、私のもとに通ってきて」と言ったのに違いない。ところが男はそれをやり遂げてしまおうとする。それはもう恋を超えた執念《しゅうねん》だ。好きでもない男が執念深く通ってきて百日目に亡くなったときに、小町は罪悪感を覚えたか、それとも安堵《あんど》しただろうか。

小野小町を羨《うらや》ましいと思わないのは、その頑《かたく》なさゆえだ。いくらモテても、身持ちが堅ければ得られるのは優越感だけだ。少しばかり情にほだされたり、自身に言い寄る男たちに恋をして、紫式部に「歌はいいけど、素行はよくない」と言われた和泉式《いずみしき》部のように、女であることを謳歌《おうか》したほうが人生は楽しいのに。

小町が男たちを受け入れなかったのは、「穴がない」とまでは言わないが、「美人」のイメージを自己演出するため、直接男たちと恋をして幻滅されるのを恐れていた臆《おく》病《びょう》さゆえではないかと思うのは考えすぎか。現代でも、美人でかわいいのに、臆病だから踏み出せない女は、たくさんいる。自分の殻に閉じこもって幸せそうじゃない人も。多少、容姿に難があっても自分から積極的に動く女のほうが、彼氏もできるし、人生を楽しんでいる。

小町は晩年、京都の補陀洛寺《ふだらくじ》（MAP[J]④）、通称「小町寺《こまちでら》」に辿《たど》り着いて、「吾死なば　焼くな埋むな　野に晒せ　痩《や》せたる犬の　腹肥《こ》やせ」という歌を詠《よ》んだと伝えられている。自分が死んだらその遺体は焼いたり埋めたりせずに晒して犬の餌《えさ》にしろ、と。補陀落寺には痩せ衰えた老婆の姿の「小町老衰像」もある。

絶世の美女が自らの肉体が腐って朽《く》ちるさまを人に見せつけようとしたのは、実は小町自身が誰よりも「美」に囚《とら》われ、美の儚《はかな》さ、虚《むな》しさを思い知っていたからではないだろうか。

【玉の輿願望の行方　今宮神社】

「玉《たま》の輿《こし》」という言葉の語源は、五代将軍綱吉の母・桂昌院《けいしょういん》だ。徳川三代将軍家光の側室であり、綱吉の母となったお玉は、もとは大徳寺《だいとくじ》付近の八百屋《やおや》の娘だったと言われている。家光に輿入れした参議の娘・お万に仕《つか》え江戸に上がり、家光に目をかけられ側室になり、綱吉を産んだ。このことから、いいところに嫁に行くことを「玉の輿」と呼ぶようになった。大徳寺のそばには**今宮神社**《いまみや》（ＭＡＰⒷ⑤）があって、後の桂昌院となったお玉が寄進等をしていることから、「玉の輿神社」と言われ、今でも多くの女性たちが訪れている。

しかし「玉の輿願望」なんて、いまだにあるのだろうかと疑問だ。いいところの嫁に行くって、幸せなんだろうか。そもそも「いいところ」って、どこだ。名家なのか、本人が金持ちなのか――私は自分の身にあてはめると、どうしても「身分不相応」という言葉が浮かんでしまう。窮屈《きゅうくつ》で息苦しそうだ。

もちろんお金はないよりあるほうがいい。けれどお金持ち云々《うんぬん》とは別の「いい家」なんぞ、不自由でしょうがない。玉の輿という考え方をあまり幸せだとは思えない。お金を持っていて、しかも見栄《みば》えのいい男なんてモテそうだから浮気されそうだし、そういう家に嫁《とつ》いで「名家自慢」されて「あなたのおうちなんてね」と見下された発言を親戚にされたなんて話を聞くたびに、うんざりする。

お玉だって、散々陰口を叩かれたことだろう。八百屋の娘のくせに、将軍様の心をつかむなんて、どれだけ嫉妬や誹謗《ひぼう》中傷を受けたかと想像する。そのせいか、お玉は後に仏教に傾倒し、京都の善峯寺《よしみねでら》や奈良の東大寺をはじめ、さまざまな寺院の修復をさせた。それはいいのだが、犬、猫、鳥、魚類、貝類、虫類を殺せば罰を受ける、江戸時代最大の悪法と言われた「生類憐《しょうるいあわれ》みの令」を発布させたのも桂昌院だと言われている。

玉の輿願望なんてものは、男にとっても鬱陶《うっとう》しくはないのか。お前は俺のことが好きなんじゃなくて、お金が目当てなのかなんて思わないのだろうか。

だいたい今の世の中、お金も地位も名誉も砂上の楼閣《ろうかく》のようなものだ。一流企業だって倒産するし、クビにもなる。高給取りが貧乏人になるなんてことはよくあることだ。会社をクビにならなくたって、病気や事故による怪我《けが》で働けなくなり家計が困窮するのも視野に入れなければならない。結婚イコール安定なんて世の中ではないから、「玉の輿」なんてあてにしていられないと考えるのは、私自身がネガティブすぎるからだろうか。

いや、でもやっぱり男の金に依存するリスクを考えると怖い。お金はあるほうがいいけれど、そこに頼るのはまた別の話だ。ネガティブだからこそ慎重にならざるをえない。

婚活パーティには、男性が医者や高年収の公務員限定のものもあるという。そういうところに行く女性は、やはり玉の輿狙いなのか。男のほうは露骨にそういうバックボーン目当てで近寄られてもいいのだろうか？　昔、知人の男性で、親が有名な会社のオーナーだった人がいたが、彼は「女性に言い寄られても、本当に俺のことが好きなのか、金目当てなのか悩むから、女性不信になる」と言っていた。

女性誌などを見ても、実際に話を聞いても、夫のことが嫌いで、ときには暴力を振るわれても別れない妻たちはたくさんいる。その理由は「お金」のことが大きい。夫と別れたら生活していけないから、耐えてしがみつかないといけないのだ、と。人生は一度きりなのに、そんな我慢を重ねて身も心もボロボロにするなんて、たとえお金があっても不幸だとしか思えない。

お金は大切だし、お金持ちになりたいけれど、お金にしがみついたり、お金に人生を振り回されるのは嫌だ。

今宮神社に来る楽しみは、参道の「あぶり餅」だ。平安時代からあるという、きなこ粉をまぶして竹串に餅を刺して炭火であぶり、たれをつけて焼いた餅は絶品だ。「かざりや」（MAPⒷ⑥）と「一和《いちわ》」（MAPⒷ⑦）のふたつの店が熱心に呼び込みをしている。持ち帰りもできるが、できるだけお店で食べてほしい。お菓子の元祖だと言われるあぶり餅は、厄除《やくよ》け菓子だとも言われている。

今宮神社では、春に京都三大奇祭のひとつと言われる「やすらい祭」がある（あとのふたつは太秦《うずまさ》の大酒《おおさけ》神社の牛祭《うしまつり》と、由岐《ゆき》神社〈MAPⓘ㊾〉の鞍馬《くらま》の火祭）。これは平安時代後期に洛中《らくちゅう》に疫病《えきびょう》が流行《はや》った際に、疫病をもたらす怨霊《おんりょう》鎮めとして始められたという。もともと今宮神社は、厄神の託宣《たくせん》により創始された神社なのだ。やすらい祭では、鬼に扮《ふん》した少年たちが、「やすらい花や」と舞い踊る。

玉の輿という女の欲深い願望など、どこ吹く風と、春の花の下で鬼たちが優雅に舞う。

【子を怨霊にした美女　法金剛院】

瀬を早み　岩にせかるる　滝川の
われても末に　逢はむとぞ思ふ

百人一首に残されている崇徳院《すとく》（崇徳上皇）の歌だ。

意図せず、引き裂かれてしまったけれど、いつかまた会えるように願っているという思いが込められた恋歌だ。どうして彼は引き裂かれてしまったのだろうか。

ただそこにいるだけで、近くにいる人たちを不幸にしてしまう女というのはたしかにいる。それは本当に本人にはどうにもならないことだ。

待賢門院《たいけんもんいん》について考えるとき、自らの運命と、自らの存在がもたらした不幸を、彼女はどう思っていたのかということが、いつも気になる。待賢門院は、崇徳上皇の母だ。崇徳上皇といえば、「京都三大怨霊」のひとりとも言われている。ちなみにあと二人は、北野天満宮の祭神・菅原道真《すがわらのみちざね》と桓武《かんむ》天皇の弟の早良《さわら》親王だ。

京都には白峯《しらみね》神宮（ＭＡＰ[B]⑧）や安井金比羅宮《やすいこんぴらぐう》（ＭＡＰ[D]91）をはじめ、崇徳上皇の霊を祀《まつ》る社《やしろ》がいくつかある。崇徳上皇は上田秋成《あきなり》の『雨月物語』の「白峯」という話でも知られている。保元《ほうげん》の乱で敗れ、讃岐《さぬき》白峯に流され、爪を伸ばし、血で書いた手紙を朝廷に送り、生きながらにして天狗《てんぐ》となり憤死したと言われる悲劇の上皇だ。

聖護院《しょうごいん》に隣接する積善院《せきぜんいん》（ＭＡＰ[K]⑨）には、崇徳上皇を祀る「人喰い地蔵」がある。「すとく地蔵」がなまって「人喰い地蔵」になったというが、それもまた、崇徳院の怨念の深さが連想される。

京都の西、花園に**法金剛院《ほうこんごういん》**（ＭＡＰ[C]⑩）という蓮《はす》の花が美しい小さな寺があり、ここにこの悲劇の上皇の母親が眠っている。崇徳上皇の悲劇は、母親である待賢門院から巻き起こったと言っていい。

待賢門院、元の名を藤原璋子《ふじわらのしょうし》といい、幼少の頃より白河《しらかわ》法皇と祇園女御《ぎおんのにょうご》の養女として育てられたが、白河法皇とは男女の関係であったと噂《うわさ》されていた。後に白河法皇の孫である鳥羽《とば》天皇の后《きさき》となり子どもを産むが、鳥羽天皇は「自分の子ではなく祖父の子であるから」と、その子を「叔父子《おじご》」と呼んだという。自分の子どもということになっているが、実際は叔父にあたるからだ。その子が後の崇徳天皇だ。もちろん、鳥羽上皇の立場になれば、たまったものじゃない。自分の妻が祖父と永く関係していて、しかも、その子を自分の子どもとして産むなんて。

そして白河法皇の死後、天皇になった崇徳は譲位を迫られ、疎《うと》まれ始める。璋子は髪をおろし尼《あま》となり待賢門院と称し、花園の地に移った。鳥羽上皇が亡くなったとき、崇徳はその死に目にも会わせてもらえなかった。後に弟である後白河と対立し、保元の乱が起こり、敗れた崇徳は讃岐に流され朝廷を恨み、怨霊となる。

崇徳が鳥羽天皇に疎まれ、天皇にはなったが譲位させられ追いやられつづけるのは、「叔父子」という生まれゆえだとすれば、白河法皇に寵愛《ちょうあい》され、その孫の妻となった璋子は、ただ流されてしまっただけの女だが、結果的に彼女は人の運命を翻弄《ほんろう》しすぎた。そして彼女自身も、その罪の罰を受けるがごとく、鳥羽天皇に疎まれ、不遇の身となる。

崇徳上皇と後白河天皇が争った保元の乱、平治《へいじ》の乱がきっかけで源氏と平家が台頭し、平安時代は終わりを告げ、武士の世の中がやってくる。

腕力でもなく、権力でもなく、ただ存在だけで人や世を動かす女がこの世には存在する。自らの不貞ゆえに人を祟《たた》る怨霊となってしまったと後世に伝えられる崇徳上皇を、この母はどう思っていたかが、ずっと気になっている。

法金剛院は小さな寺で、夏になると早朝から蓮が咲く。その季節には、蓮の花を見るために、多くの人々が訪れるけれども、ふだんは静かな寺だ。蓮は泥のなかからも花を咲かせることから、極楽浄土の花と言われ、仏は蓮の上に鎮座している。

待賢門院はこの静かな寺で、尼になり、権力からも男の愛からも離れ、仏に仕え、安穏の日々を手に入れられたのか。

あの時代の女性たちは、たしかに無力ではあったが、子どもを産める性であるがゆえに、男に提供され、男に寵愛され、肉体そのものを武器にし、権力をもたらしもした。

冒頭に記述した崇徳院の歌は、いつかまた愛《いと》おしい人と会いたいと願ってはいるが、その願いは叶わなかった。

男に愛され身を任せたことにより、生まれた子どもを怨霊にした女の罪は、赦《ゆる》されたのだろうか。

【良妻賢母の正体　千本釈迦堂】

大学時代、教授の言葉で唯一いまだに覚えていることがある。

当時、私の通っていた大学は良妻賢母をモットーとし、何かの情報誌で「関西のお嫁さんにしたい大学ナンバー1」に選ばれたことがあった。ある授業の際に、教授がその件について言及した。「君らな、お嫁さんにしたいとか言われて喜んだらあかんぞ。男にとって都合のいい女だって言われているだけだからな」と。

大学は勉強についていけなくて結局中退したが、あの教授の言葉だけは今でも思い出す。

余談だが、中学時代に美人の英語教師が言った、「世の中ね、バカな女がかわいいって言うけど、それは違うの。バカなふりができる女がかわいいの」という言葉も印象に残っている。授業とは全然関係ないし、なんでそんな流れになったのかは覚えてないけれど。

話を戻すと、私の行っていた大学は、良妻賢母、お嫁さんにしたい大学と称されるとともに、「イモ女」とも呼ばれていた。ダサいからである。否定できない。おしゃれじゃないし、地味で、もっさかった。いや、若いし女子大生だから、そこそこかわいらしい子はいたけれど、近隣の女子大に比べると、明らかに洗練されていなかった。ということは、もっさいイモ女イコールお嫁さんにしたいということなのか？

それにしても、良妻賢母って何だろうか。以前、田舎にいたときに読んでいたフリーペーパーに結婚相手を募集する欄があったのだが、そこの投稿を見ていてつっ込まずにいられなかった。「二十代の女性にかぎる」（投稿主は五十代）、「料理上手で控えめで男を立てて尽くしてくれる人」「家事が好きで明るく尽くしてくれる人」……思わず、お前ら何さま？　だから結婚できねぇんだよとフリーペーパーを叩きつけたくなった。

それは極端としても、いまだに好みの女性を「男に尽くし、男を立ててくれる人」と公言する男は少なくない。そういうヤツに限ってプライドが高くて、男より収入のある女は苦手なんていう人もいる。「自立する女性が好きだ、女性も外で働くべきだ」と言いながら、妻にはつねに家にいて家事をすべてさせたがる人だってたくさんいるもの。

「尽くす女がいい」と男は言うが、自分の面倒をすべて見てくれるのが「尽くす女」だと、イコール自分が愛されているなどと勘違いしないほうがいい。一見、男にとって都合のいい女は、男に好かれるためにそれを演じているだけだ。「尽くす」こと自体が、私はあなたのためにこれだけやっているから私を大事にして愛してという計算からくる行為だ。

男が「愛」だと勘違いする行為のなかには、男を愛しているからというよりは、自分がかわいがってほしいという自己愛にすぎないものもある。

だいたい、尽くしすぎると男はダメになる。何もしなくなるし、そこに甘えて態度がぞんざいになる。ある日、そんな男のダメさに気づいた女が、男を足蹴《あしげ》にして去っていく事例をいくつも見てきた。

千本釈迦堂《せんぼんしゃかどう》（ＭＡＰⒷ⑪）は応仁の乱でも焼けなかった、洛中でいちばん古い木造建築物だ。仏像が素晴らしいから、仏像好きはぜひおさえてほしいお寺であるが、それ以上に知られているのが「おかめさん」の伝説。「おかめ」は本堂建築で棟梁《とうりょう》を務めた大工「長井《ながい》飛騨守《ひだのかみ》高次《たかつぐ》」の妻だ。

高次が重要な柱の寸法を間違えて短く切りすぎた際、枡組《ますぐみ》で補えばよいと助言して、窮地を救ったけれど、あとになって「女の知恵で大仕事を成し遂げたと言われては棟梁の恥になる」と言って自害したと伝えられる……って。

千本釈迦堂の「おかめさん」像

最初にこの話を聞いたときから、現代に生きる私は「何それ！」とつっ込まずにはいられなかった。しょうもない男のプライドのために自ら犠牲になった妻……これが良妻賢母の鑑《かがみ》というやつだとしたら、あまりにも悲しい。良妻賢母になんて、なってやるもんか。

ところでここには、さまざまな「おかめさん」の人形などが納められているのだが、面白いのが、おかめさんが男性器を大事そうに抱いていたり、男性器そのものがおかめさんの顔だったりするものがいくつかあることだ。これはどう解釈すればいいのだろうか。良妻賢母に見せかけ、じつはしたたかに笑みを浮かべ下半身をがっちり摑《つか》んでる？　あるいは良妻賢母は、男のナニもかわいがってくれてそれも含めての理想の女？

しかし、男性器をかわいい我が子のように抱いて慈愛の笑みを浮かべるおかめさんを見ていると、結局、なんだかんだ言いつつ男は女にコントロールされているんじゃないかと思えてくる。

女という生き物は、あの中学の教師が言っていたように、「バカなふりができる」だけで、けっしてバカではないのだ。

【炎のように生きたミステリーの女王　泉涌寺】

御寺《みてら》といえば泉涌寺《せんにゅうじ》――と、清少納言の『枕草子』に書かれているのが東山にある**泉涌寺**（ＭＡＰ🄵⑫）だ。観光客もほとんどやってこない静かな寺である。御寺というのは、江戸時代の天皇の墓のほとんどがここにあることでもわかるように、皇室とゆかりの深い寺だ。

ここの境内を入ってすぐのところに楊貴妃観音堂《かんのんどう》という小さなお堂があり、世界三大美女のひとりと呼ばれた楊貴妃に似せてつくらせたと言われる楊貴妃観音像がある。

天にあっては願わくは比翼《ひよく》の鳥となり、地にあっては願わくは連理《れんり》の枝となりましょう。天地は悠久といえどもいつかは尽きることもある。でもこの悲しみは綿々と続いて尽きるときはこないだろう――のフレーズで知られる「長恨歌《ちょうごんか》」は、唐《とう》の玄宗《げんそう》皇帝と楊貴妃の悲恋を描いた詩である。

絶世の美女・楊貴妃に玄宗皇帝が夢中になったことから国が乱れ、反旗を翻《ひるがえ》した者たちは玄宗皇帝を促し楊貴妃を殺すのだ。楊貴妃を失った（といっても、自分が殺すように命じたんじゃないか！）玄宗皇帝がつくらせ、それが日本に渡ってきたと言われているのがここの楊貴妃観音だ。

自分が女に惚《ほ》れて政治をほったらかして国を無茶苦茶にしておいて、男を夢中にさせた女が悪い！　という輩《やから》に乗っかって彼女を殺してしまい、殺した彼女を恋《こ》い慕うってあまりにも身勝手。しかも、彼女に似せた観音像をつくり、めそめそと彼女を想うなんて、そんな自分に酔っているとしか思えない。

世界三大美女は、皆、ロクな晩年を迎えていない。クレオパトラは自殺だし、楊貴妃は殺されているし、小野小町は老醜を晒した。

楊貴妃は「傾城《けいせい》の美女」と言われた。君主が夢中になり、城を傾けてしまうほどの美女という意味だ。ところが、現実にはこの「傾城」や、男を夢中にさせる女というのは、実は、必ずしも若い美女ではない。周りを見渡してもそうだ。スタイルのいい美女が「彼氏いないし、結婚できないの」なんて嘆いている光景もあれば、傍《はた》から見て「なんであの人が？」と言いたくなるような女性が、多くの男にプロポーズされたりしている。

男を夢中にさせ虜《とりこ》にさせる魅力は何かというのは、私にはわからない。わかっていたら、とっくに実践していて、今頃モテモテの人生を送っている。

この泉涌寺には、ミステリーの女王と呼ばれた小説家・山村美紗の墓もある。現在でもドラマ化、舞台化されファンに愛されつづけている作家は、二十年ほど前に東京の帝国ホテルで急死するまで、すさまじい勢いで京都を舞台にした小説を書きつづけていた。

また彼女は作品とともに、華やかないでたちでも知られていた。パーティのたびにドレスを新調し、日本舞踊《にほんぶよう》の名取《なとり》で、京都を愛し、つねに華やかな存在であった。執筆している姿を家族にすら見せなかったのは、女王「山村美紗」という像を貫きたかったのだろう。

山村美紗という人は、多くの男性の心を虜にしたことでも知られている。彼女をモデルにした小説にも書かれているが、複数の男性作家に言い寄られていたらしいし、私も彼女に夢中だった作家の名前を何人か聞いている。

美紗さんのご主人の巍《たかし》さんと、再婚された奥様のご厚意で、山村美紗邸に足を踏み入れたことがある。ステンドグラスの扉、並べられた著書――華やかな当時の名残《なごり》に不思議な気持ちがした。山村美紗という人は、やはりひとつの時代を築き、作家として生きた「女王」であるのは間違いない。

巍さんは、美紗さん亡きあと、画家に転身されて、美紗さんの肖像画を描かれた。

作家・山村美紗は小説を遺し、彼女亡きあと、夫は彼女の絵を遺す。女としても小説家としても、幸せな人生だ。いまだに「山村美紗ミステリー」は、テレビ等で映像化されて、その名前は生きつづけている。

彼女ほど男性に愛されたのならば、守られ頼ってお姫様のように生きることができたかもしれないけれど、彼女は自分自身で努力し、作家としての自分の像を築き上げながら、休むことなく小説を書きつづけた。

彼女が愛され、名前が生きつづけているのは、彼女が誰かに頼ることも依存することもなく、自分自身の力で生きてきたからだろう。

【小説に書かれてしまった女たち　澪渓亭】

私は小説のなかで、身近な人をモデルにすることが、よくある。許可をとってそのまま書くこともあれば、嫌いな人を、わからぬように細部を変えて登場させる。昔好きだった人も、設定を変えながらしょっちゅう登場させている。

よく書いてあれば喜んでもらえるだろうが、わからぬように書いているつもりでも、当の本人が読めば愉快ではないだろうなということのほうが多い。

小説家とつきあう人は、書かれることも覚悟しなくてはいけないーーなどと言い切るのは傲慢《ごうまん》だ。書かれたほうはたまったものじゃない。

必ず身近な女性をモデルに書く作家がいたとして、彼のそばにいることでモデルとして小説に登場することが約束されていたらーー周りの女性たちは、どんな気分だろう。

書くことは、暴力だとときどき思う。実際に小説のモデル裁判もあるし、そこまでいかなくても人を傷つけてしまう。身近な人を題材にすると、とくにトラブルは起きがちだ。自分なら、モデルになど絶対にされたくない。

森鷗外《おうがい》の妻は、自分をモデルに書かれて、世間から「悪妻」だと決めつけられたので、自らも筆をとり、我が身の潔白のために作家になったという。本当に「作家」と呼ばれる人たちは、ひどい人種だ。

下鴨神社の近くを散歩していると、道を隔てて二軒の大きなお屋敷があり、以前から気になっていた。後に、京都ゆかりの作家について書かれた本で、この二軒の家に誰が住んでいたかを知った。現在「石村亭」という表札がかかっているほうが、かつて谷崎潤一郎が住んでいた下鴨の潺湲亭《せんかん》（MAP🄷⑬）で、「下鴨泉川亭」のほうには川端康成が住んでいたらしい。時期はずれているにせよ、このふたりの作家が同じような場所に住んでいたのはとても興味深い。

生涯、引っ越しを繰り返した谷崎潤一郎がいちばん永く住んだのが潺湲亭である。下鴨神社と高野川のあいだの糺《ただす》の森のそばにある潺湲亭は、谷崎が京都の寒さに耐えきれず熱海《あたみ》に移ったあとは、松子夫人の友人の夫の会社である日新電機に買い取られ、当時のままに残してある（一般公開はしていません）。

この家で谷崎は源氏物語の訳や、名作『鍵』などを執筆した。母屋《おもや》で松子夫人や、松子夫人の妹・重子と生活し、離れには松子夫人の前の夫との子どもの渡辺清治とその妻の千萬子《ちまこ》も暮らしていた。飼い犬の名前は下鴨花子と、下鴨太郎。この家を舞台に『夢の浮橋』という小説も書いた。

春は平安神宮の枝垂《しだ》れ桜を見に行き、美食を楽しみ、と一見優雅な生活のようだが、内実、谷崎を囲む人間関係は複雑である。三番目の妻・松子夫人の姉妹が『細《ささめ》

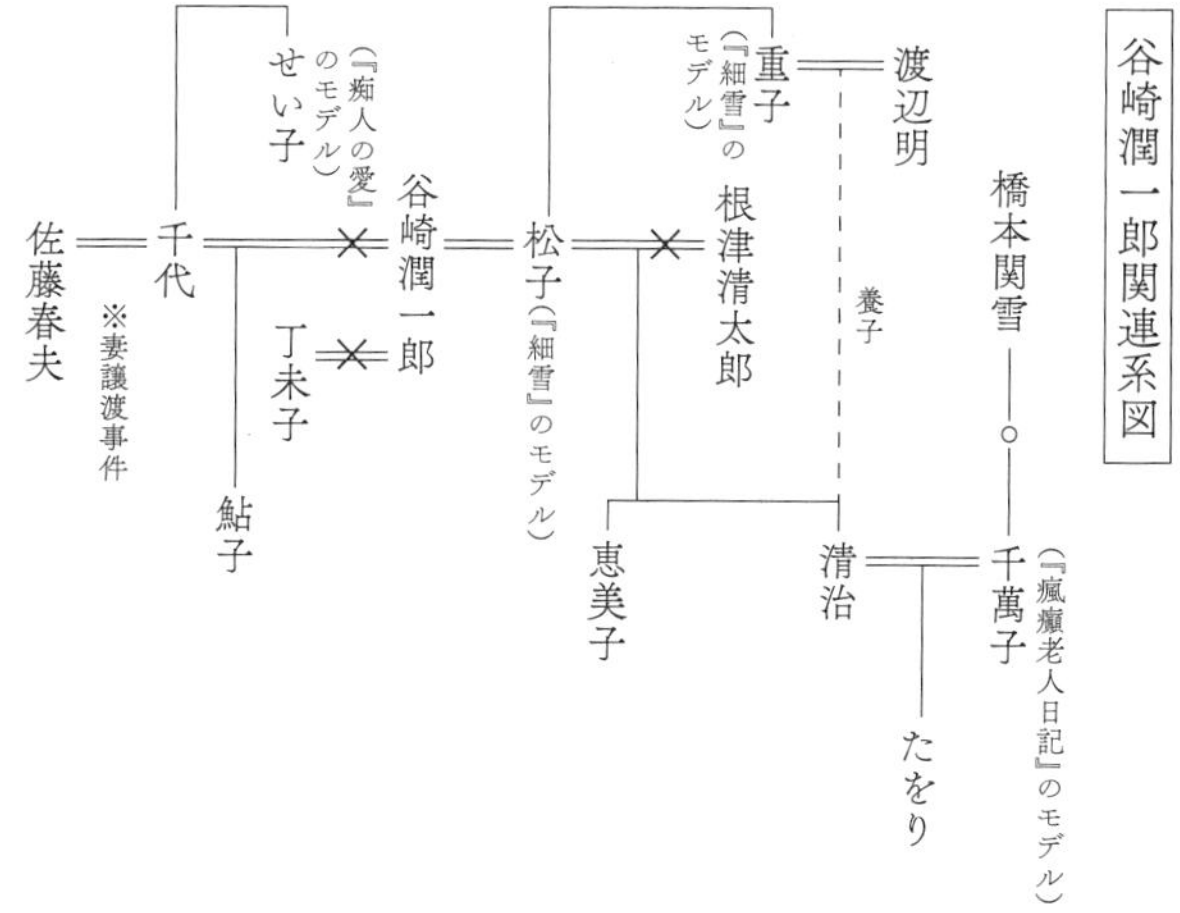

雪《ゆき》』のモデルというのは知られているが、『細雪』の三女の雪子にあたるのが松子夫人の妹・重子で、谷崎は『細雪』のとおり、重子にも想いを抱いていた。

谷崎は、最初の妻・千代夫人の妹・せい子に好意を寄せ『痴人《ちじん》の愛』のモデルにし、千代夫人につらくあたり、それを見ていた佐藤春夫が千代夫人に恋愛感情を抱き、一度は妻を譲渡する約束をしたが、それを谷崎が反古《ほご》にして世を騒がせた。

谷崎と千代夫人は後に離婚し、千代は無事に佐藤春夫の妻となる。谷崎は大阪船場《せんば》に住む根津松子と親しくなるが松子は人妻であったので、谷崎は文藝春秋の記者である丁未子《とみこ》と結婚する。丁未子と別れ、夫と離婚した松子夫人と谷崎は三度目の結婚をして、彼女を崇《あが》め、『細雪』などの作品は松子夫人への崇拝《すうはい》が描かれたものとされている。

谷崎の女性崇拝の対象は、松子夫人との結婚後も新たな女性に向けられる。それが、松子夫人の最初の結婚相手との息子である渡辺清治の妻・千萬子だ。ちなみに千萬子は日本画家橋本関雪《かんせつ》の孫にもあたる。若い千萬子を崇拝の対象とした谷崎と、金銭的な恩恵を得ようとする千萬子とのやりとりは往復書簡としても残っており、谷崎が千萬子をモデルにしたとされる『瘋癲《ふうてん》老人日記』さながらに、千萬子の足に踏まれ歓喜を得て、お礼を述べている。谷崎は千萬子の足を「仏足石《ぶっそくせき》」にたとえ、法悦《ほうえつ》の境地にいたった心境を手紙にしたためもしている。読んでいて「変態！」と叫びたくなるような描写が満載だ。

谷崎はとことんマゾヒストで、しかもエゴイストのエゴマゾだ。そんな性嗜好《しこう》と身勝手な性格をさらけ出していることに、呆《あき》れながらも圧倒される。この人は、人に嫌われ批判されるよりも、自分自身を抉《えぐ》り出して小説を書くことを選択していたのだ。

谷崎と千萬子のただならぬ関係を危惧した松子と重子により距離がとられるが、谷崎は若い女の足に狂う老人の小説『瘋癲老人日記』を発表する。

谷崎にとって女とは小説を書くために欲《ほっ》するものなのか、あるいは女を欲するからそれを知らしめなければいけないのか。

いずれにせよ、小説家のそばにいる人間はたまったものではない。間違いなく、すべてが世にさらけ出されてしまうのだから。

下鴨から千萬子夫婦は哲学の道沿いの法然院《ほうねんいん》（ＭＡＰＫ⑭）のそばの家に移り、カフェを開く。法然院には「寂」と墓石に書かれた谷崎の墓がある。谷崎と松子夫人が眠る墓の隣には、重子の眠る墓もあり、枝垂れ桜の下にふたつの墓が佇《たたず》んでいる。生涯、女性たちに囲まれた谷崎の人生を思うと、私はこの墓を訪れるたびに、「何が『寂』やねん」と、つっ込まずにいられない。

法然院にある谷崎潤一郎の墓

千萬子も後に関東に移り住み、カフェは別の人が買い取って名前を変えたが、今は誰も住む人もなく朽ちている。

谷崎潤一郎の作品を読んでいると、欲望に従順になるということは、反社会的になるということなのだなと思う。妻を譲渡する、妻の妹に懸想《けそう》する、妻の連れ子の嫁の足に欲情する……やってることはかなりひどい。現代だと炎上間違いなしだ。けれど谷崎文学がこうも支持されているのは、その素直な欲望のあり方に世間が焦《こ》がれているからではないか。

ちなみに京大前の春琴堂《しゅんきんどう》書店（ＭＡＰⓀ⑮）は、谷崎家のお手伝いさんが開いた書店で、谷崎の筆による「春琴書店」の額もある。

谷崎の小説を読むと、谷崎のそばにいた女性たちは、どんな想いだったのだろうかといつも考える。写真では松子夫人をはじめ、皆優雅に微笑《ほほえ》んではいるけれども、何も思わなかったわけではないだろう。

もしかすると、小説の主人公になるのを悦びにして生きていたのだろうか。

それでも、そんな生き方を選択するのには勇気がいる。自分の恥が他人の手によって書かれてしまうのだもの。小説家は残酷で身勝手でエゴイスティックな存在だ。

でも、そこまでした作品だからこそ、面白い。人の恥ほど、面白いものはないのだから。

【京都でいちばん謎の女　五花街】

京都といえば、舞妓さん。何でもかんでも舞妓さん。「京都肉」と書かれている肉屋のポスターまで舞妓さん。「万引きあきまへんぇ」と、万引き防止のポスターまで舞妓さん。もう何もかも舞妓さんだ。

京都市内を歩いていると、舞妓さんの扮装《ふんそう》をしている人たちをしょっちゅう見かける。あれを本物だと思って写真を撮っている人もいるが、祇園の関係者曰《いわ》く「舞妓、芸妓は、あんな人込みの観光地を歩きまへん」とのことだ。襟《えり》や簪《かんざし》を見るまでもなく、身長や年齢がうかがえる肌などを見ればニセ舞妓（「なんちゃって舞妓」とも呼ばれる）だとわかるのだが。それでは本物の舞妓はどこにいるのかといえば、花街だ。

京都には五花街《ごかがい》と呼ばれる花街がある。祇園東（ＭＡＰ🄳⑯）、祇園甲部（ＭＡＰ🄳⑰）、上七軒《かみしちけん》（ＭＡＰ🄱69）、宮川町《みやがわちょう》（ＭＡＰ🄳⑱）、先斗町《ぽんとちょう》（ＭＡＰ🄳⑲）の五つだ。京都を舞台に小説を書いて、舞妓さんを登場させようとなったときに、資料を読むだけじゃわからないことがあって知人に相談すると、「舞妓さんの格好をしたらいい」と言われ、しぶしぶだが一度だけ舞妓の扮装をしたことがある。そう、私もニセ舞妓をやってみた。その店は本物の舞妓、芸妓が使っていた着物を使い、現役で活躍されている男衆《おとこし》さんに着付けてもらうという本格的なところだった。

実際に舞妓の扮装をして、白塗りの自分の顔が不細工《ぶさいく》すぎてうんざりしたが、あの手間のかかる着付けと着物の重さと歩きにくさなどを体感できて、ものすごく勉強になった。痛感したのは、舞妓さんは体力勝負だということだ。

そして舞妓さんの着物は本当に隙間や余裕がなくて、たとえばエロジジイがセクハラで着物の襟から手をつっ込むなんてことは不可能だ。入らないんです、隙間がないから。あの時代劇でありがちな、悪い人が、着物を着た女性の帯をひっぱって、「あ〜れ〜」とくるくるするのは、舞妓では無理だ。

私はその着付けをしてもらった時点では、小説の内容は「舞妓を出す」以外は展開を考えてなくて、一応官能小説だから、脱がして行為をしなければいけないとだけ決めていた。ただ、自分が着てみてはっきりと、「一対一で、この着物を無理やり脱がせるのは無理」と思った。ということは、自分から脱がないといけないな……などと話を膨らませて書いた。ちなみにデビュー作『花祀り』に収録されている「花散らし」という中編なので、ぜひ読んでみてください。

ちなみに、そのあとで着付けも習ってみた。着物の女性を描いて、最低限の知識は必要と感じたからだ。なんせ官能小説は着物を脱がす場面が多い。

ちなみに「男衆」とは舞妓さん、芸妓さんに着物を着せる人である。彼女たちは自分ひとりでは着物を着られない。それぐらい帯も着物もがちがちに巻いてある。男衆さんによると「着付けをしていたら、その子の体調の良し悪しもわかる」ということだった。基本的にひとりの男衆さんが舞妓さんのデビューであるお見世出し↓芸妓になるときの襟替え↓引退とつき添うかたちになる。

男衆の存在を知ったときに、なんてエロティックな関係だろうと思った。ひとりの少女が大人になるまで、着付けをするなんて。もちろん恋愛は御法度《ごはっと》だが、そんな禁断の男衆との恋愛を描いたのが瀬戸内晴美『祇園の男』だ。

女は肌を露出するよりも隠して何重ものベールの下にしまい込むほうがエロティックだと、舞妓、芸妓を見て思う。ちなみに花魁《おいらん》や遊女と混同する向きもあるが、舞妓と芸妓はあくまで芸を披露する存在だ。昔は「旦那《だんな》」がついて着物等の世話をしたらしいが、今ではなかなかそういうのも難しくなっていると聞いた。

本物の舞妓、芸妓と、観光客のコスプレ舞妓とでは、見たら違いははっきりする。繰り返すが、だいたい、あんな派手な色の着物を着て観光地を舞妓が歩くことはまずない。けれど、たとえば外国人観光客ならわからないだろう。

一度だけ知人の伝手《つて》でお茶屋遊びをしたことがあるが、本物の舞妓、芸妓は品格があって愛らしく、楽しい時間を過ごすことができた。一緒に遊んだ作家たちと、「旦那になりたい……」「でも、それにはお金が……」「べ、ベストセラーを出すしかないですね」と、仕事への意欲が湧《わ》いた。女が旦那になれるかどうか知らないけどね。

京都もかなり近代化されているが、それでも花街は風情《ふぜい》を残してくれている。最近は、観光客が増えすぎて祇園の花見小路《はなみこうじ》周辺は騒がしくなってしまったのが残念である。マナーの悪い客が多くて、「舞妓さんに触るな」の立て看板を置かざるをえなくなっているのは本当に興ざめで、うんざりする。

歩いて風情を味わうなら上七軒か宮川町がおススメだ。上七軒歌舞練場のなかには、気軽に食事ができる「喫茶 茶《さ》ろん」もある。ここはオムライスが美味《おい》しい。

二十キロもある着物を着て、芸事《げいごと》を覚える舞妓さんは大変だと思うが、やはり京都といえば舞妓さん。その着物のように纏《まと》う神秘性とともに残してほしい。

女性誌やネットには性に関する情報が溢《あふ》れている。とくに女性の性については昔と比べてオープンになりすぎて、驚くことがよくある。自分を棚に上げて言うが、秘めてこそのエロスで、うしろめたさがあってこその官能である。さらけ出してしまうのは、それを手放すことだ。

そういう意味では、私はもう手放してはいるけれど、「秘めごと」は残しておいてほしい。京都が官能小説の舞台に相性がいいのは、そんな秘めごとの世界が残っているからであり、その象徴こそが花街である。

男にたやすく脱がされない着物を纏い、謎の世界に生きる美しい女性たちがいる街。やはり京都は、いやらしい。

【幸せを願う女たちが集う静かな森　糺の森・下鴨神社】

偽りを　糺の森の　木綿《ゆう》襷《だすき》
かけつつ誓へ　我を思はば

平安時代、色好みで知られた平貞文《さだふみ》の歌だ。高野川と賀茂川《かもがわ》が合流し鴨川《かもがわ》となるが、その合流地点、ふたつの川に挟まれている森が**糺《ただす》の森**（MAP🄷⑳）で、昔はここに恋人を連れてきて、真実の愛を誓い合ったという。偽《いつわ》りを糺の森、つまり嘘《うそ》が言えないから、と。

ふと疑問に思ったのだが、もしたいして好きでもないけれど何となくつきあっている男に連れてこられ、「俺のこと愛してる？」なんて聞かれたら、どうすればいいのか。嘘偽りを言えないから、正直に「そうでもない」なんて答えてしまったら気まずくなるのに。世の中には曖昧にしておいたほうがいいこともあるのだから。

糺の森には**下鴨神社**（ＭＡＰＨ㉑）がある。平安京ができる以前よりこの地にいた豪族・賀茂氏ゆかりの神社だ。空気の澄んだ森に鎮座する下鴨神社の朱塗りの鳥居は重厚感があり、時代を超越した京都に棲《す》む神さまの迫力に圧倒される。

またこの下鴨神社の摂社として前述の美人祈願の河合神社（ＭＡＰＨ②）や、縁結びの相生社《あいおいのやしろ》（ＭＡＰＨ㉒）などもある。相生社のそばには「連理の賢木《さかき》」というぐにゃりと曲がった木が生えているのだが、この木は二本の木がいつのまにかくっついてひとつになったことから縁結びのご神木《しんぼく》とされている。不思議な木で、枯れても、下鴨神社のどこかに生えてくるらしく、現在の木は四代目らしい。

４代目の「連理の賢木」

正月にふと散歩して下鴨神社に行って驚いた。この連理の賢木と相生社の前に行列ができていたからだ。妙齢《みょうれい》の女性たちが、真剣な顔をして神さまにお願いをしている。何が何でも縁を結んでくれということか。

ここ最近のパワースポットブームのおかげで、こういう光景をちょくちょく見かける。ある知人は、「お正月に神社を七つハシゴした！」と自慢げに呟《つぶや》いていた。縁結びのパワースポットのために遠方まで行って、なんだか明らかに怪しげなスピリチュアル関係の人に大金を費《つい》やしている人も知っている。ちなみに数年経っているが、彼女たちが結婚したとか彼氏ができたという話も、好きな仕事に就けたという話も聞かない。

神さまも大変だなと思う。そもそも神社って、そんな個人的な願いを一方的に祈られるところではない。現代の人たちが思う神さまは、ひどく自分たちに都合のいい存在にされてしまっている。

前述の玉の輿もそうだが、「結婚相手」「恋人」を求める人たちの願いが度を越している。はっきり言ってそんな条件のいい男はいないし、条件のいい男と自分とが相性がいいかというとそうでもない。惚れたら欠点も許してしまうし、愛おしくも思う。なのでまずは人を好きになることからすべてが始まると思うのだが、「好きな人がいない」から、良縁を願いに訪れているのだろうか。

自分から動かないと、何も手に入らない。お願いして、家でじっと待っていても、良縁なんてこない。男との出会いが欲しいなら、とにかく外に出て、男のいる場所に行くしかない。

糺の森付近は「女性の人生」ツアーができる。河合神社で美人祈願をし、相生社で縁結び祈願をし、恋人ができたなら糺の森で愛を誓わせ、下鴨神社で結婚式を挙げる。そしてなんと下鴨神社の近くには家庭裁判所（MAP🄷㉓）まであるのだ。いたれり尽くせりではないだろうか？　結婚して失敗しても、またこの糺の森でお世話になるのだ。

糺の森は映画やテレビのロケにも使われており、「必殺」シリーズで中村主水《もんど》を演じた藤田まことさんがエッセイのなかで、「私は何度、あそこで人を殺したのだろう」と書いておられた。

下鴨神社は、みたらし団子発祥の地でもある。みたらし団子は、糺の森に流れる御手洗《みたらし》川に現れ消える水の泡に似ているから、その名がついたとも言われている。下鴨神社近くの「加茂《かも》みたらし茶屋」（MAP🄷㉔）のみたらし団子は、団子が五つで、ひとつだけ少し離れている。そう、人形《ひとがた》なのだ。これはかつて厄除けに使われていたという説がある。つまりは人間の身代わりなのだ。人を串刺しにしている形だと考えると、なんだか少し怖い。怖いけど、美味しい。

私は夜の糺の森が好きだ。昼間は人が溢れているが、日が暮れると縁結び祈願の女たちが並ぶ相生社にも誰もいなくなる。静かな空気のなかでゆっくりとお参りができる。夜の森は怖いほど沈黙しているが、だからこそ昔からここにいる神さまの存在を感じられる。

「加茂みたらし茶屋」のみたらし団子

人間の一方的な都合のいい願いを叶える神さまなど、ここにはいない。

望むだけの自己愛に他人を巻き込み、自分を愛するために自分にとって都合のいい相手を望む「願い」なんて、神さまが叶えてくれるわけがない。神さまって、人間にとって、そんなに都合のいい存在ではない。神話をひもといても、人間に罰を与えることのほうが多いじゃないか。

そんな人間の愚かな欲望を、気が遠くなるほどの昔から、ただ眺めてきただけの神さまなら、いるような気がする。

【苦い青春の坂道　女坂】

自慢じゃないが、若い頃、とくに学生時代はいい思い出などひとつもない。黒歴史とかいうが、私の青春時代は真っ黒だ。思えば十八歳の春に、京都に出てきたときは、それなりに彼氏をつくって〜とか、楽しいキャンパスライフを想像していたはずだ。ところが最初から馴染《なじ》めず、気後《きおく》れし、大学の勉強にもついていけずに留年して中退した。

今でもときどき、大学を卒業できなくなって焦《あせ》るという夢を見て目が覚める。実際卒業できなかったわけだが、どれだけ引きずっているんだろう。

木下惠介監督の『女の園』という映画がある。厳格な女子大の寮を舞台にした一九五四年に公開された映画だ。舞台は京都で、見たことのある風景が映っている。真偽のほどは不明だが、京都女子大学で実際にあった事件をモデルにしたと言われてもいる。

京都東山、豊臣秀吉の墓がある阿弥陀ヶ峰《あみだがみね》の参道を囲むように、幼稚園から大学院までを併設する京都女子大学（ＭＡＰＤ㉕）がある。通称「京女《きょうじょ》」で、阿弥陀ヶ峰の参道は京女の学生たちで埋め尽くされるので「女坂」（ＭＡＰＤ㉖）と呼ばれている。

伝統ある大学で、創設に関わった九条武子は柳原白蓮《やなぎはらびゃくれん》と並ぶ大正三美人のひとりとしても知られている。西本願寺門主の令嬢で、九条家に嫁いだ生粋《きっすい》のお姫様だが、結婚したばかりの夫が洋行して十年以上帰ってこず、ひとりで帰りを待ちつづけた。また佐佐木信綱に師事した歌人でもあった。

私は京都女子大学を中退しているのだが、在学中、周辺の大学に「イモ女」と呼ばれていた。たしかに地味で真面目《まじめ》そうな生徒が多かった。私もだけど、とくに地方から来た生徒はそうだ。だからこそ、寮を出たらはじけちゃう子も多かった。

それにしても、キリスト教系の大学はどこもおしゃれなのに、仏教系ってなんでこんなにダサいと言われてしまうのか。『京都ぎらい』の著者井上章一さんと話したときにも、キリスト教系の女子大はおしゃれなイメージで、仏教系の女子大は逆だという話をした。女性誌の読者モデルも、関西の大学では、神戸女学院大、神戸松蔭女子学院大、京都ノートルダム女子大、などとキリスト系の大学が大半を占めているらしい。たしかに、母校である京都女子大で、読者モデル経験者など、聞いたためしがない。ただ、京都女子大学と同じ、本願寺派の龍谷《りゅうこく》大学は美人が多いと聞く。そういえば、私の友人で龍谷大の学生だった子も美女だった。

しかし個人的にはおしゃれじゃなくて「イモ女」のままがいい。そのほうが居心地のいい学生もいるはずだ。男も女も着飾るのが苦手でいいじゃないか。私はキリスト教系のおしゃれでお金がかかりそうな大学は最初から受験しなかった。絶対についていけないから。そう言いつつ、京女でもついていけなかったダメダメ女子大生だったが、こうして今もなんとかそれなりに楽しく生きている。

大学に入った春はこの女坂にアーチができた。桜の花のアーチの下に、男子大学生が並んでサークルのチラシを新入生に渡していく。坂の下から学校に辿り着くまでにチラシが束になった。ほとんどが京都大学で、たまに同志社大学もあった。京大は男子学生の割合が大きいので、京都女子大生と結びつくことが多くて、入学してからカップルが何組もできた。
周りと話は合わないし、授業についてはいけないしで、大学に行くのが嫌になった頃、何よりも私の足を遠ざけたのが、あの女坂だった。今は、プリンセスラインというネーミングのバスが出ており、京都駅や四条河原町から大学の門の前まで走っているのだが、当時はそんなものはなくて、暑い日も、寒い日も、たらたらとあのキツい坂を歩いていった。冬で道が凍結した日に転んだことを覚えている。あの坂を上るのが、私にとっては責苦《せめく》に思えた。朝起きると、ただでさえ好きじゃない学校に行くのに、あのしんどい坂を上ることを考えると嫌で嫌で仕方がなくて、結局サボって寝ていて単位がとれなかった。

小説家になって、『女坂』という官能小説を、母校を舞台にして書いた。一応、大学名などは変えてあるが、タイトルがこれなので、誰がどう見てもモデルは明らかだ。女子大の寮で女同士や、女が男を連れ込んであれこれする、私の小説のなかではおそらくいちばんハードな内容だ。怒る人がいるかもしれないが、私としてはロクな思い出がない大学時代を、こうしてひとつの作品に変えたことでスッキリした。たとえ「イモ女」だとしても、女だけの神秘的な世界だと外部の人は期待を膨らませているから、それに乗っかって書かせてもらった。

この小説を書くために、久しぶりに女坂を歩いた。坂もそうだが、大学も、生徒もほとんど変わりがなくて時間が止まっているようだった。食堂とか、女子大なのに全然おしゃれじゃないけど、どうかこのままであってほしいとも思う。

青春時代を満喫できなかった悔いはいまだに残っている。けれど、だからこそ、「昔はよかった」なんて思わずにすんでいる。

【本当は怖い京女　上村松園】

「東男《あずまおとこ》に京女《きょうおんな》」という言葉がある。男らしくて粋《いき》なのは江戸っ子で、美しく女らしいのは京都の女で、その組み合わせが最高だということわざだ。ここでは「きょうじょ」ではなくて、「きょうおんな」と読む。京都の女、きょうおんな、である。

また江戸時代に滝沢馬琴《ばきん》は、「京によきもの三つあり。女子《おなご》、賀茂川の水、寺社」

と、ここでも京都の女を賞賛している。

とにかく京女は、イメージがよい。前に、ネットで「京都の女が男にモテる理由」というので、「おとなしくて男に尽くすイメージ」「おばんざいが上手」「京ことばがはんなり愛らしい」「神社仏閣に詳しい」などと並んでいた。

けれども実は京女は、そんな「男に都合のよい女」ではない。おとなしくて男に尽くすイメージとあるが、私の知り合いの京女は、見かけはたしかにはんなりしているが、気が強いし、けっこう執念深いし、男に尽くすと見せかけて男を手のひらの上で遊ばせている。

おばんざいが上手とか言うのも、京都人からすれば、別に利点でもない。そもそもおばんざいというのは家庭料理なので、わざわざ京都の人間は食べにいかないものだもの。観光客が高いお金を出しておばんざいをありがたがるのを笑う京都人も少なくない。

神社仏閣に詳しいというのも違う。京都に生まれ住んでいる人は、世界遺産であろうがたいてい無頓着《むとんちゃく》だ。子どもの頃から当たり前にあるものだもの。私のような外から来た人間のほうが、京都の特異性に目をつけているから神社仏閣に詳しくなる。

「京女」で、私が最初に思い浮かべるのは、上村松園《うえむらしょうえん》だ。

上村松園は京都に生まれ、京都に生きた生粋の京女。女性で初の文化勲章を受章し、宮尾登美子《とみこ》『序の舞』のモデルにもなった。

上村松園の描く女はたおやかで美しい。女性の身体の魅力を存分に描いている。松園は明治時代に、結婚せずに子どもを産んだ。子どもの親は師匠《ししょう》の画家だと言われているが定かではない。画家として成功し、それでいて未婚の母というのは、そうとう風当たりが強かったはずだ。

そんな松園も一時期はスランプに陥《おちい》った。当時、年下の男性と恋愛していたが、彼の心が他の女に移り、筆もすすまなかった。その頃、松園が描き上げたのが、「焔《ほのお》」だ。源氏物語に登場する六条御息所《ろくじょうのみやすんどころ》の生霊を描いたと言われる女の絵だが、それまでの松園のやわらかな女たちとは違い、凄《すご》みと狂気を漂わせている。

六条御息所は嫉妬で生霊となり、死んだあとも自分に冷たくした光源氏の愛した女たちを苦しめつづけた。松園は、恋人を他の女に奪われ、自らの嫉妬心をそこに投影したのだろうか。もしそうならば、自分のなかの醜さも何もかもすべて表現する、芸術家としての覚悟を感じる。きっと松園は絵で表現することがすべてだったのだ。「焔」は、二〇一五年、東京藝術大学大学美術館で開催された「うらめしや〜、冥途《めいど》のみやげ展」で見ることができたが、ゾッとするような執着《しゅうちゃく》と恨みが込められ、また薄笑いを浮かべている様子が怖かった。

松園は「焔」を描くことにより、自分を苦しめていた執着と嫉妬の感情を冷笑できたのではないか――そうやって突き放すことができて、作品に昇華《しょうか》したのだ。

「焔」がきっかけで復活した松園は、後に、松園をモデルとした宮尾登美子の小説のタイトルともなった作品「序の舞」を発表する。毅然《きぜん》とした、それでいてしなやかな芯のある女の姿は、女の底力、生命力に溢れている。

芯の強さや、執念深さ、情の深さ、転んでもただでは起きるかという気の強さ――松園の絵も、松園自身も、「京女」の凄みを感じさせる。見かけは和服の似合うたおやかな美人でも、心に炎を秘めている、女であるがゆえの強さをもっている。

男社会で男と戦うためにすべきことは、ヒステリックに罵詈雑言《ばりぞうごん》を吐いたり、男を攻撃することではない。そんなことをしたって、男にも同性にも舐《な》められ、馬鹿にされ、近寄りがたくなるだけだ。

女の武器というのは、柔らかさやたおやかさである。身体だけではなく心のあり方でも、それが武器となる。女には女だからこそできる戦い方があるはずだ。

松園の毅然としながらも柔らかさをもつ女性の絵は、男の世界で生き抜いて画家として成功した松園自身の肚《はら》の据わった強さを感じさせる。

ちなみに上村松園の息子は上村松篁《しょうこう》さん、孫は上村淳之《あつし》さん、美術の世界でその筆は受け継がれている。

「京女」を思うとき、上村松園の「強さ」が浮かぶ。深い情念をもち、したたかで強く、凜《りん》とした女の姿が。

上村松園「焔」

男は女の弱さに庇護《ひご》欲を刺激され、弱さを演出する女を好むが、女の魅力はけっして弱さなんかではない。

弱さを演出して男の気を引くのが上手い女ほど、したたかで強いもの。

【翻弄される平家の女たち　祇王寺・清閑寺・滝口寺】

「祇園精舎《ぎおんしょうじゃ》の鐘の声　諸行無常《しょぎょうむじょう》の響きあり」で知られているが、京都には平家物語ゆかりの場所が多い。平家物語に登場する女性ゆかりの場所だけでも、**祇王寺**《ぎおうじ》（MAP[E]㉗）、**清閑寺**《せいかんじ》（MAP[D]㉘）、**滝口寺**《たきぐちでら》（MAP[E]㉙）などがある。

平家物語は話としてとてもよくできているし好きだが、読んでいてイラっとするのは、女性の登場人物たちがあまりにもなよなよとしていることだ。時代が仕方ないんじゃないのと言われるかもしれないが、それにしてもだ。

たとえば祇王寺の祇王という女の話。平清盛に寵愛されていた白拍子《しらびょうし》の祇王と祇《ぎ》女《にょ》だったが、あるとき、清盛の前に仏御前《ほとけごぜん》という女が現れ、舞を舞いたいと願いでた。無礼だと一度は拒んだ清盛だったが、祇王のとりなしによって受け入れる。すると仏御前の舞に清盛はすっかり魅《み》せられてしまい、祇王、祇女と母の刀自《とじ》を追い出してしまう。

三人は世をはかなんで嵯峨野《さがの》の庵《いおり》で出家するが、夜、訪ねる女がおり、扉を開けてみれば、そこにいたのは仏御前だった。仏御前は清盛に寵愛されてはみたものの、自分とていつ祇王たちのようになるかと思うと世の儚さがしみて出家したのだと告げる。それから祇王、祇女とともに仏御前は嵯峨野で仏に仕えて暮らすのであった……って、なんてつっ込みたくなる人生！　男の世話になって、男に捨てられて、もしくは男に捨てられるのが怖くて若い身空《みそら》で出家するって、もっと違う人生があるだろ!!と、肩を揺さぶりたくなる。

そしてもうひとつの疑問は、この祇王寺には現在、祇王や仏御前の像と並んで、平清盛像が祀ってあることだ。なんで？　女性たちからしたら、清盛って権威と権力で女を支配し、いらなくなったら捨てた存在じゃないの？　私が祇王の立場だったら、死後、そんな男と並ぶのは断固拒否する。

他にも平家物語は「世の無常」といえば綺麗に聞こえるが、どうかと思う女の話が満載だ。

現在はにぎやかな観光地である嵐山《あらしやま》に、ひっそりと小督塚《こごうづか》（MAP[E]㉚）がある。平安時代後期、高倉《たかくら》天皇が最愛の寵姫《ちょうき》を亡くし悲嘆にくれていたところ、天皇の中宮である建礼門院徳子《けんれいもんいんとくこ》は、中納言・藤原成範《しげのり》の娘を紹介する。美しく音楽の才も秀でていたこの娘は、天皇に気に入られ小督局《こごうのつぼね》と呼ばれるようになる。

妻である中宮が、夫を慰めるために他の女性を差し出すというのも妙な話だが、さらに今度は建礼門院の父である平清盛が天皇が小督を寵愛することに怒り、小督を追い出してしまった。徳子の命《めい》により差し出され、徳子の父に恨まれて……と、何とも理不尽な目にあう小督だが、清盛の怒りを恐れ嵯峨野に身を隠した。しかし高倉天皇は何としても小督を呼び戻そうと源 仲国《みなもとのなかくに》に命じて彼女を探し出そうとする。

ある夜、仲国は嵯峨野で笛を吹いて歩いていた。笛の名手でもある小督が応えてくれるのではと期待していたのだ。そうすると、どこからか「想夫恋《そうぶれん》」の調べが聴こえてくるので、音のするほうに向かうと、寂《さび》れた小さな家にひっそりと住んでいた小督を見つけた。その場所が現在の小督塚だ。

小督は清盛の怒りを恐れ、戻るのを拒むが、男を恋い慕う女の歌である「想夫恋」の曲のとおり、天皇への想いを断ち切れずにいたので、結局は仲国に従った。

天皇と小督は再会を喜び合い逢瀬《おうせ》を重ねるが、それもいつしか清盛の耳に入り、小督は無理やり出家させられ再び引き離される。建礼門院と清盛の親子に翻弄された小督はあまりにも無力で哀れであり、何とも理不尽な話だ。ちなみに高倉天皇の墓は、東山の清閑寺にあるが、小督の墓も同じく清閑寺にある。亡くなって、やっと二人は寄り添えるようになったのだ。

また、同じく嵯峨野の滝口寺ゆかりの滝口入道《たきぐちにゅうどう》と横笛《よこぶえ》の物語も悲劇的な話だ。滝口の武士（内裏の警護をする武士）である斎藤茂頼《もちより》の息子の時頼《ときより》は、あるとき、清盛により催された花見の宴で、余興で舞を舞った建礼門院に仕える横笛の美しさに心を奪われる。時頼は毎晩、横笛に恋文をしたためつづけ、いつしかその想いにうたれた横笛も時頼の愛に応えるが、時頼の父の茂頼は、ふたりの恋は身分違いだと許さなかった。

傷心の時頼は、横笛への想いを断ち切ろうと出家し、現在の滝口寺である嵯峨野の往生院《おうじょういん》に入り、滝口入道と名乗った。

時頼の出家を知った横笛は、彼を探し始め、さまざまな寺を訪ねていたが、ある日の夕暮れに、時頼の念仏を唱《とな》える声を耳にして往生院に辿り着く。しかし時頼は修行の妨げになると横笛を拒む。さらにこれからも訪ねてこられては困ると、女人《にょにん》禁制の高野山《こうやさん》に居を移してしまう。

それを知った横笛は愛しい人に二度と会えぬと嘆き、大堰川《おおい》に身を投げたとも、奈良の法華寺《ほっけじ》で出家したとも伝えられている。法華寺には、かつて時頼から贈られた文を自ら貼り合わせてつくったといわれる横笛の像と、横笛が尼になったあと住んでいた横笛堂が残っている。

これも理不尽な話だ。自分から一目ぼれして恋文を贈り、想いが通じた途端、父親に反対され、ひとりで逃げるように出家して、追ってきた恋人を追い返すなんて、ひどく身勝手な男だ。

こうして平家物語に登場する女たちはそろいもそろって、力ある者に翻弄され、すぐに世を儚んで死んだり出家してしまう。何とも気の毒ながらも、どうももやもやする。せめて源氏物語の六条御息所のように生霊、死霊になって相手を苦しめるぐらいのことをしてくれたらスッキリするのに……。

平家物語のラストは灌頂《かんぢょう》の巻、「大原御幸《ごこう》」だ。平家が滅亡し、壇ノ浦《だんのうら》で身を投げたのに助けられて京都に戻された建礼門院徳子のもとを、徳子の亡き夫・高倉天皇の父である後白河法皇が訪ねるが、後白河は零落《れいらく》した徳子の姿に衝撃を受ける。父の清盛亡きあと、追い詰められ京都から逃げ、母や息子の安徳《あんとく》天皇とともに死ぬはずだったのに助け出され、源氏の手により若くして出家させられ、京都の北東の寂しい場所で監視されながら暮らすこの物語いちばんのヒロインは、かつて権力者の側だったのだ。

その転落の哀れな様子をラストで見せることにより、権力や栄華の儚さを描く平家物語という悲劇に、我々が心を惹かれつづけるのは、人生はすべてが悲劇だからかもしれない。

ところで、こういった「平家の女」たちと比べて、「源氏の女」たちは、強くたくましく勇ましい。源義経の愛妾《あいしょう》・静《しずか》御前は、白拍子という身分を利用して、諜報《ちょうほう》活動をしていたという説もあるし、義経と別れ、頼朝に捕まり、鶴岡八幡宮《つるがおかはちまんぐう》で舞を披露させられたときに、敵である頼朝の前で義経を想う歌をうたい、頼朝を激怒させた。

またその際に、静を殺せと命じた頼朝をいさめた妻・北条《ほうじょう》政子の女傑ぶりも有名だ。父の反対を押し切って流人《るにん》であった頼朝と結ばれ、浮気相手の家を壊すほど激しい女で、頼朝亡きあとの鎌倉幕府を支え「尼将軍」と呼ばれた。

木曾義仲こと源義仲の愛妾の巴御前《ともえ》は、自ら馬にまたがり義仲とともに戦っていたとも言われる。

私は、運命に流され、よよよと泣いて出家したり、自ら命を絶つ女性たちよりも、腹をくくり戦う女たちのほうが、男を愛する強い意志を感じる。

「強い女」が苦手な男は多い。恋人や妻が自分より高収入だったり高学歴だったりするのを嫌がる男もたくさんいる。最近は知らないが、私が若い頃は、大学生の男子に好みのタイプの女を聞くと、「守ってあげたくなる女の子」なんて言葉がでてきた。

守ってあげたくなる、ふにゃふにゃして、弱々しい、庇護欲をそそる女なんて、それらはすべて女の演出だということに、ほとんどの男は気づいていない。儚さや可憐さなんて、いくらでも演出できる。男の支配欲や征服欲を刺激する術《すべ》にたけて男を釣る女が、「守ってあげたくなる」なんてことはけっしてない。ついでに言うと、男が好きな「自称天然女」も作為的なものだ。「天然って言われるんですぅ〜」という女は、どうふるまえば男に好かれるかを知っているしたたかな女だ。

そんな「守ってあげたくなる女の子」「自称天然女」に簡単にひっかかる男は、こっちが興味ないから！　と言うと、負け惜しみにとられるかも。

【女の性の匂う場所　五条楽園】

かつて、そこは楽園と呼ばれていた。

大学時代、「五条楽園」（MAPⒹ㉛）と掲げられていた高瀬川沿いの一角がいつも不思議だった。楽園って何があるのか。どんなに楽しいことがあるのか。男の先輩が「近寄ると声をかけられた」と言うのも聞いたし、はた目にも、女がたやすく近づいてはいけない雰囲気があった。

それから何年も経ち、その界隈《かいわい》は「楽園」ではなくなった。男が女を買いにくるその場所は、警察の手入れがあり、完全になくなり、ただの静かな街になった。

友人で、昔、そこで働いていた娘がいた。彼女が懐かしげに思い出を語ってくれ、彼女とともにその近辺を歩いた。昭和という言葉がぴったりのステンドグラスの丸窓の建物が残っている。私はそこに住んだことはないのに、行くたびに、懐かしいという感覚がある。今でも大好きな場所だ。

最近は居酒屋や雑貨屋なども増え、若者たちも集まるようになった。すっかり健全になりつつあるが、それでも夜歩くと、静かで懐かしく、落ち着く場所だ。

友人から聞いた話だが、五条楽園では男性に接する芸妓は、着物を着ていたらしい。この時代に、着物の女性が出迎えてくれるなんてと、風情を感じた。

女性も男性も年齢層が高く、友人は三十代で「若い」と言われていたそうだ。ホームページなどもなく、本当にひっそりとその街は男たちを迎え入れていた。

男が女を買いにくる場所、それはけっして太陽の光の下で堂々と存在するべきではない闇ではあるし、いけないこと、不道徳なことだと非難する人もいる。性風俗産業は、それを嫌悪し非難する人たちによって潰され、闇に潜《もぐ》っていった。それでもそこはたしかに必要とされていた場所ではあるし、刹那《せつな》的な偽りの名前を名乗る女と男は、ただの男と女になり、一瞬だけでも肌を合わせ、それで救われることもあったと思うのだ。

小説を書くときに取材で、かつて女が男を迎えていた部屋に入らせてもらった。そこは赤い部屋だった。赤い毛氈《もうせん》、赤い光——赤は女の色だ。大人の肉体を手にいれたときに流れる赤、唇に塗られる朱色、赤い襦袢《じゅばん》――。

その部屋に入ったときに、私は今まで経験したことがない震えを感じた。無数の男と女たちの欲望の残像を感じた。あれは不思議な体験だった。その当時、私は思いがけず官能作家としてデビューしたことに葛藤《かっとう》していた。性を描くことをやめようとも考えていた。けれどあの部屋に入り、そこを舞台にした『楽園』という小説を書いて、私が描くべきものは性しかないと思ったのだ。

あの部屋には、幽霊がいたと思っている。男と女の欲望と優しさと哀しみの念が残っていた。その幽霊は、私にとって何よりも懐かしい。まるで自分の前世であるかのように。今でもあの界隈を歩くと、私はひどく心が和《やわ》らぐ。あそこにはかつて存在した「性」の残像が巣食っているのだ。

当時を偲ばせる旅館

そばを流れるのは高瀬川だ。森鷗外の小説『高瀬舟』で知られた、罪人を運ぶ高瀬舟が流れていた川。性はときには罪とされるが、それでも人間を突き動かす根源であるのは間違いない。罪とされるのは、性があまりにも魅力的で強い力をもつからだ。何よりも、人間を動かすのは性の欲望だ。

だから私はまるで性を汚いもののように侮蔑《ぶべつ》したり、弾圧して世の中からなくそうとする人たちに違和感を覚える。性の欲望を否定することは、人間の存在自体を否定することなのに。性は、魅惑的すぎて危険だからこそ、人は恐れ、ときには糾弾《きゅうだん》し、タブーにする。

性的サービスを金銭でやりとりする性産業を、そのなかでも最も憎悪《ぞうお》の対象とする人たちがいる。けれど、男も女も、生殖目的以外でセックスをする人間という生き物は、どうしようもない衝動に突き動かされることがある。ただの排泄《はいせつ》行為ならば、自分でもできるのに、男たちがその場所を訪れていたのは、たんなる性欲とは言い切れない、切実な、女という存在への渇望があったからだ。

そしてそれを受け止める女たちも、お金だけではなく、そうやって一晩だけでも求められることに悦びを得ていたのではないか。

そこは理屈じゃない、どうしようもない感情を受け止める場所だった。

そういう場所があったから、生きていける人たちが、たしかにいた。だからそこは、「楽園」だったのだ。

もしもこの世から、そんな場所がすべてなくなってしまったら、ひどくつまらない乾いた世界になるだろう。私はそんな世界に住みたくはない。

【儚い美貌　帷子ノ辻】

本物の美人は美人であることのメリットとともにデメリットも、美というものがいかに儚く脆《もろ》いものかということも知っている。

今の世の中、すぐに「劣化」という言葉が使われる。若い頃に美しかった芸能人が、少し老けただけでもすぐに「劣化」なんて言われてしまうが、あれは本当にひどい言葉だ。女性を貶《おとし》めているのに、誰も抗議しないのが不思議である。年を取ることは、劣ることなのだろうか？

ネットではじめて「ＢＢＡ」という単語を知ったときは驚いた。女性たちが、自《じ》嘲《ちょう》するかのように、自分を「ババア」と称しているけれど、そう言っている人のほとんどが私より若かったり同世代であったりする。

そうやって三十代や四十代で自分を「ババア」と自称するのは、若い女を持ち上げ、若くない女を嘲笑《あざわら》う浅はかな男たちに同意しているようで、私は何よりも嫌だ。自分より年下の女が「私、もう年だから」「もうババアなんですよ」と、ネガティブに年齢のことを口にすると、どうしたらいいかわからなくなる。人に貶められる前に自嘲してしまえば、それでおしまいだと思う。

だって冷静に周りを見渡せば、自分よりも年上で、生き生きと仕事も恋愛も楽しんで、見かけも美しい人は、たくさんいるもの。とはいえ、自分だとて二十代の頃は、三十代、四十代なんてもうおばさんで男に相手にされないし、終わってると思っていたけれど、なってみれば、そうでもない。それは私が若い頃、いいことがなかったからかもしれないけれど。

何にせよ、永遠の美貌《びぼう》なんてものはありえないのだ。年を取って美を保とうとするのは相当な努力がいるしお金がかかる。だからといって、不自然に皮膚を引っ張り若さを維持しようとすると、逆に美とかけ離れもする。

平安時代、嵯峨天皇の后で檀林《だんりん》皇后という女性がいて、絶世の美女として知られていた。世の男たちは修行中の仏に仕える僧侶すらも彼女に恋い焦がれていた。しかし檀林皇后は、そうやって自分の美貌が男たちを惑わす状況を嘆いて憂《うれ》い、仏教に傾倒する。

彼女は、すべてのものは移り変わり永遠に存在するものなどひとつもないという仏教の諸行無常の教えを身をもって世に知らしめようとして、自分が死んだら死体はどこかの辻《つじ》に打ち捨ててくれと言い残した。その遺言どおり、皇后の亡骸《なきがら》はそのまま放置され、日が経つにつれ犬や鳥に食い荒らされ朽ち果て、白骨になる様子まで人々の目に晒された。皇后の遺体が置かれた場所が、**「帷子ノ辻《かたびらのつじ》」**（MAP Ⓒ㉜）と呼ばれた場所である。

帷子ノ辻は今は京福電鉄嵐山本線の駅の名前にもなっている。それにしてもすさまじい話だ。口で「私、ＢＢＡだから〜」と言うのは簡単だけど、じゃあその人が自分の老いた姿をさらけ出せるかといえば、なかなかできないだろう。絶世の美女だからこそ、やることがふりきれている。

彼女に焦がれ、彼女の美を賛美した男たちは、檀林皇后の朽ちていく姿を見て、どう思ったのだろうか。醜いと目を背《そむ》けたか、それでも美しいと眺めるか、どちらだったのだろうか。

私は最近は、年を取るのがそう怖くなくなってきた。死が近いからこそ、真剣にならねばということは増えたけれど、昔よりもやれることが多くなってきたから。

年を取って楽になってきたのは、私が若くも美しくもない女だからだ。

若さや美から解放されたときに、女は自由に生きられる。

【女が堕ちる地獄　矢田寺】

京都でいちばんにぎやかで、土産物屋《みやげものや》が立ち並び、若者向けの店も多い新京極通を北に進み三条通に突き当たり西に進むと、アーケードの寺町通が続いている。

三条からすぐ北に進み、ふと右手に目をやると、無数の絵馬が並び、お堂のなかにはお地蔵さんがいる。絵馬には、炎が描かれている。地獄の業火《ごうか》だ。よく見れば、お地蔵さんも炎に包まれているではないか。

ここは矢田寺《やたでら》（MAPⒹ㉝）といい、お堂のなかのお地蔵さんは、「地獄地蔵」と呼ばれている。もとは紫陽花《あじさい》で知られている奈良の矢田寺の別院として建立《こんりゅう》され、豊臣秀吉の区画整理によりこの地に移された。

この寺の住職であった満慶上人《まんけいしょうにん》のもとに、昼は朝廷の嵯峨天皇に仕え、夜は地獄の閻魔《えんま》大王に仕える小野篁《おののたかむら》が訪れた。閻魔大王が菩薩戒《ぼさつかい》を受けたいと望むので、篁は満慶上人を六道珍皇寺《ろくどうちんのうじ》の井戸から地獄に連れていく。ふたりは地獄めぐりをしていたが、灼熱地獄のところでひとりの僧に出会った。その僧曰く、「私は世の多くの人たちの身代わりになって地獄の業火に焼かれている」と。それが地蔵菩薩だった。満慶上人はこの世に帰ってくると、その僧の姿に似せた地蔵菩薩をつくり祀った。これが、地獄地蔵だと伝えられている。

商店街の一角にある矢田寺

新京極で買い物を楽しんだあと、ふと、この寺に足を踏み入れると、地獄の業火に焼かれた地蔵菩薩と、鬼が炎のなかで人をいたぶる地獄の絵馬が無数に並んでいるのに気づいて、驚く人もいるのではないだろうか。まさかこんな繁華街のど真ん中に、地獄があるとは夢にも思うまい。

当たり前のように、にぎやかな街のなかにこうして地獄の痕《きずあと》が残っているのが、京都だ。

地獄とは罪を炙《あぶ》り出され罰を与えられる場所だ。罪のない人間など、いるのだろうか。自身にそんなつもりはなくても、生きているかぎり、誰かを傷つけたり、何かを奪ったりして、思いがけず人の恨みを買うことは、避けられない。私は悪いことなんてしたことないと言う人はいるけれど、悪気がなくても、悪事を働いていることだってあるのだ。だから人間は、誰もが地獄へ行くに違いない。

私は罪なんか犯したことがない、悪いことはしたことがないと言う人間がいたならば、その人は嘘つきか、よほど鈍感なのか、どちらかだ。

そういう人間のほうが罪深い。きっと無意識のうちに、たくさんの人を傷つけているはずだ。

地獄のなかには、女に生まれたというだけで堕《お》ちる地獄もある。たとえば生理や出産を経験した者が堕ちる血盆《けつぼん》地獄、子どもを産めなかったり産まなかった女性が堕ちる石女《うまずめ》地獄などがある。私は子どもがいないから、どちらも確実に堕ちる地獄だ。淫《みだ》らなことをした者も、もちろん地獄に堕ちる。衆合《しゅごう》地獄などは、女性の口を使って淫らな行為をした者や、妻以外の女性と性行為をした者が堕ちて残虐な罰を受けるから、男たちもたまったもんじゃない。

女に生まれてきたことが、生きていることが罪なのかと、問いかけたくなる。けれどやはり、罪なのかもしれない。女に生まれてきたなら、ほとんどの女が無意識であろうとも、男の気を引こうとしたり、自分をよく見せるために偽りを口にしたり演じたりするもの。

そうやって身を守ったり、気を引いたりするのは、弱さではなくしたたかさだけれども、女は、したたかにならないと生きていけないときがある。そしてしたたかさは知恵だ。

バカ正直に、無防備に、淫らな行為を一切せずに生きていくことがいいことだとは、思えない。たとえ地獄に堕ちても、楽しいことをしたほうが、死ぬときに後悔せずにすむ。

どうせ誰もが、地獄行きなのだから。

第二章　魔が怖い

【比叡山の怪異　延暦寺】

三年ほど前のことだ。初夏のある日、打ち合わせを終えてバスに乗り帰宅する途中に、むしょうに比叡山《ひえいざん》に行きたくなった。暑いから涼みに行きたいし、以前から行きたかった比叡山の魔所と呼ばれる元三大師《がんさんだいし》の御廟《みびょう》に行ってみようかと、帰宅してすぐに比叡山の宿を予約した。うちから比叡山までは車でそうかからないから、日帰りでももちろん行けるけれど、比叡山で夜を過ごしてみたかった。

比叡山に行く前日に、ふと、数年前、バスガイドの仕事中に運転手から聞いた話を思い出した。比叡山の事故の話だ。**延暦寺《えんりやくじ》**（MAP🄼㉞）の東塔《とうどう》の駐車場に入る直前に、大きなカーブがある。そのとき一緒にいた運転手によると、「昔、大きな事故があり、観光バスが谷底に転落した」とのことだった。なんとなくその事故のことをネットで検索して、息を呑《の》んだ。なんとその事故のあった日は七月二十四日――私が今回、宿泊を予約した日ではないか。しかも谷底に落ちたのは、私の地元の会社の観光バスだった。バス同士の事故で、上から降りてくるバスのブレーキが効かず追突、転落し、多くの人が亡くなっていた。そのバス会社は、今でも事故の日は慰霊碑に花を手向《たむ》けに訪れるらしい。そのバス会社とも私は何度か仕事をしたことがあった。

偶然とはいえ、自分にもゆかりのあるバス会社の事故の日に、比叡山に行こうとするなんて……まるで呼ばれているようだとゾッとした。怖くてやめようかとも考えたが、呼ばれているのならなおさら行かねばと、私は翌日おそるおそる比叡山に向かった。

バスガイド兼作家である自分が、地元のバスの事故の日に「偶然」比叡山に行こうと思い立つなんて奇妙な話だし、夫に「なんで急に比叡山に行くとか言い出すのか不思議だった」と言われた。

宿にチェックインしたあと、まず慰霊碑に向かって手を合わせた。比叡山には仕事で何度も来ているのに、その慰霊碑を気にしたことなどほとんどなかった。

そのあと、元三大師の御廟（ＭＡＰ🄼㉟）や、「一つ目小僧」の絵のある総持坊《そうじぼう》など、比叡山の魔所と呼ばれる場所をめぐった。平安京の鬼門《きもん》にそびえる比叡山には、昔から妖しげな話がたくさんある。元三大師の話もそうだ。元三大師良源《りょうげん》はおみくじの元祖だとも言われ、良源が鬼の姿に化して疫病神《やくびょうがみ》を追い払った姿と言われる角《つの》大師《だいし》のお札は横川《よかわ》の四季講堂（元三大師堂）（ＭＡＰⓂ㊱）で手に入る。

魔所とは言われるが、いつも比叡山に来るたびに、澄んだ清々《すがすが》しい空気に心洗われた気持ちになる。

比叡山の夜、何かがあるのではないかと脅えていたが、何もない静かな夜だった。

翌日、もう一度、あの慰霊碑の前を通ると、そこにはバス会社の人が訪れていたのか、花が手向けてあった。

もしも私が呼ばれたのならば、「忘れないで」ということなのだろうか。私はあれから毎年、七月二十四日になるとあの事故のことを思い出すようになった。

やはりそれも、比叡山の「魔」が引き寄せたような気がしてならない。

比叡山は京都の鬼門《きもん》である北東を守る寺で、昔からさまざまな不思議な話が絶えない。かつてあったお化け屋敷には本物が出るという噂があったし、車で延暦寺に向かおうとしたら、いつまでも着かずにぐるぐると同じところをまわっていたなんて話も聞く。駐車場付近に出る、顔が紫色のなすびババアの話など、ちょっと笑ってしまいそうな話もある。普段はまったく霊感がないのに、比叡山では金縛《かなしば》りなど不思議なことがあったという知人も複数いる。

観光では東塔の根本中堂《こんぽんちゅうどう》だけ行くことがほとんどだが、比叡山を味わいたいなら、やはり横川と西塔《さいとう》にも行くべきだ。

比叡山で何がいちばん恐ろしいかというと、千日回峰行《かいほうぎょう》だ。千日回峰行とは、七年間にわたって行われる最も過酷と言われる行で、最初の三年間は年に百日、四、五年目は年に二百日、無動寺《むどうじ》で勤行《ごんぎょう》のあと、真言《しんごん》を唱えながら東塔、西塔、横川、日吉大社など二百六十箇所で礼拝しつつ、一日約三十キロの行程を平均六時間かけてまわる。五年目七百日後の「堂入り」では、無動寺明王堂《みょうおうどう》で断食・断水・断眠・断臥《だんが》の四無行に入り、九日間にわたって不動明王の真言を唱えつづけるとい

角大師のお札に描かれた鬼の像

う人間の限界を超えた修行だ。

堂入りを終えると、修行者は生身の不動明王と言われる阿闍梨《あじゃり》として迎えられるが、さらに六年目は赤山禅院《せきざんぜんいん》への往復が加わり一日約六十キロの行程を百日、七年目はさらに京都市内の巡礼を加えた一日約八十四キロの行程を百日、最後に、最初の一日三十キロの行程を百日間巡拝して満行となる。これを達成した者は北嶺大行満大阿闍梨《ほくれいだいぎょうまんだいあじゃり》になれる。

行者は、途中で行を続けられなくなったときは自害する。そのための「死出紐《しでひも》」と、短剣、埋葬料十万円を常時携行している。蓮華《れんげ》の蕾《つぼみ》をかたどった笠をかぶり、白装束《しろしょうぞく》、草鞋《わらじ》履きで峰々をまわる。白装束というのは、つまりは死に装束だ。ちなみに京都で人気のお土産「阿闍梨餅」は、この阿闍梨の笠に似ていることから名付けられた。

千日回峰行を経た大阿闍梨が、「失敗して実際に自害した人はいるんですか」と問われたとき、「記録には残っていません。でも、事故死された方はいらっしゃるようです」と答えていた。

本当に怖い話というのは、残っていない、残せないのだ。

私を含め、怪談を書いている人間が集まると、よく「本当に怖い話は書けない」という話になる。家族や自分自身に関わる話であったり、実際の事件に関係していたり、あまりにも残虐であったりするからだ。

だから、本当に怖い話は、怪談を書く人間が集まった閉じられた場所で、「実は書けないし、話せないけど、こんな話が……」というところで聞ける。

死者の恋　蓮台野・引接寺

私には霊感がない。幽霊を見たこともなければ、感じたこともほとんどない。不思議な体験と言えるものがないわけではないが、どちらかというと鈍いほうだと思う。

怪談を書いていると、霊感があると勘違いされることもあるが、まったくない。私にかぎらず怪談を書いている作家は、霊感がない、幽霊なんか見たことがないという人が多い。

ただ、なかには見える人もいる。そのうちのひとりが加門七海《かもんななみ》さんだ。加門さんと、怪談専門誌『幽』の編集顧問である東雅夫《ひがしまさお》さんと京都の魔界について鼎談《ていだん》をしていたときに、不思議なことがあった。

京都三無常の地と呼ばれる場所がある。鳥辺野《とりべの》（ＭＡＰ D㊷）、化野《あだしの》（ＭＡＰ E㊲）、**蓮台野**《れんだいの》（ＭＡＰ B㊳）——鳥辺野は清水寺《きよみずでら》付近で、今、観光地として最もにぎわっている場所だ。化野は嵯峨野の奥、無縁仏を祀る念仏寺がある場所、そして蓮台野は千本通を中心に船岡山から紙屋川までの一帯をいう。

私は鳥辺野も化野も行ったことがあるが、とくに何かを感じたことはない。ただ、なんだか空気が重いと思ったのが蓮台野だ。住宅街の路地を歩いているだけで、現実の世界ではないような気がした。

加門さんも、同じことをおっしゃっていた。蓮台野がいちばん、感じる、と。まったく霊感のない私と、見える加門さんが同じことを同じ場所で感じたのが不思議だった。やはりあの場所は、特別なのだろうか。

蓮台野の名残を残すものがあるとしたら、千本ゑんま堂か。正式な名称は**引接寺**《いんじょうじ》（ＭＡＰ B㊴）という。地獄の閻魔大王の像があるので、ゑんま堂と呼ばれている。この寺の開基《かいき》は小野篁と言われている。昼間は嵯峨天皇、夜は閻魔大王に仕え、この世とあの世を行き来した小野篁にはさまざまな逸話がある。

小野篁の墓は北大路堀川を下がったところにあるのだが、紫式部の墓も同じ場所だ。そしてこの引接寺にも紫式部の供養塔がある。ふたりは生きた時期が少し違うのだが、男女の愛欲を書いた罪により地獄に堕とされた紫式部を篁が救ったという説がある。

小野篁の墓

また「蓮台」の名を残す、上品蓮台寺《じょうぼんれんだいじ》（MAPⒷ㊵）という寺もある。真言宗のお寺だが、ここは一本の枝垂れ桜が見事だ。

上品蓮台寺は千本通に面している。千本通は平安京の中心であった朱雀《すざく》大路だと言われているが、千本通の名前の由来はここに千本の卒塔婆《そとうば》が立っていたからという説がある。蓮台野までの葬送の行列が通る道だったのだとも。

拙著『京都恋地獄』という小説は、この蓮台野に住む、死者を見ることができる「墓守娘《はかもりむすめ》」が語る話だ。もちろん架空の存在だけれども、「彼女は実在するのか」と何人もの人から問われた。京都ならば、そういう人がいてもおかしくないだろう、と。引接寺も上品蓮台寺も小さな寺で、普段、観光客でにぎわう鳥辺野や化野周辺のようなにぎやかさはない。だからこそ、何かが残っているのだろうか。

無数の卒塔婆が並び、死者の葬列が通るなか、上品蓮台寺の枝垂れ桜がゆらゆら揺れている光景を想像すると、そこには恐怖よりも静けさが漂っている。

小野篁が地獄と現世を行き来する能力を身に付けたのには意外な理由があった。篁は、親に頼まれて家庭教師をしていた異母妹と恋に落ちてしまったが、引き裂かれる。妹はその後、嘆きのあまり亡くなってしまい、幽霊になって篁のもとに会いにくる。そうして逢瀬を重ねるうちに、篁はあの世とこの世を行き来する能力を手にしたというのだ。

もしそうなら、生と死の世界を行き来する篁の能力は、なんて悲しい力なのだろう。道ならぬ恋こそが、篁の名前を後世に残しただなんて。

【あの世とこの世の境目　　鳥辺野・六道の辻】

あだし野の露消ゆる時なく、鳥部山の煙立ち去らでのみ住み果つる習ひならば、いかにもののあはれもなからん。世は定めなきこそいみじけれ。

『徒然草』より

小野篁にはもうひとつゆかりの寺がある。東山の六道珍皇寺（MAPⒹ㊶）だ。三無常の地のひとつである**鳥辺野**（MAPⒹ㊷）を「あの世」とするならば、珍皇寺は現世である「この世」との境目である**六道の辻**（MAPⒹ㊸）のすぐそばにある。

鳥辺野は今、最も人が多く訪れる場所と言っていい。京都を訪れる人が必ず行く清水寺付近が鳥辺野だ。最近は、観光シーズンのみならず、どの季節でも人が溢れている。清水寺と嵐山があんなに人が多いのは、大型バスを多く停められる駐車場と、お土産物屋が多くあり、団体客が食事できる場所があるからだ。ツアーなどの団体客は、ほとんど清水寺と嵐山に行く。

　そんな騒がしい場所と化してはいるが、かつてここは無常の地、死者を葬る土地として源氏物語、徒然草にも登場している。鳥辺野という名前の由来は、鳥が吊《つ》られた死体をついばんでいたからとも言われている。

　死者の「あの世」と、生者の「この世」の境目の六道の辻には今は碑がある。この付近は轆轤町《ろくろちょう》という地名だが、かつては髑髏町《どくろ》だったという説がある。六道の辻のある六波羅《ろくはら》付近には、平清盛や空也上人《くうやしょうにん》像を祀る六波羅蜜寺《みつじ》（MAP Ⓓ㊹）や六道珍皇寺がある。珍皇寺には、小野篁が地獄への入り口にしていたと言われる井戸や、地獄に届く迎え鐘があり、重い響きの音を鳴り響かせる。私も何度か撞《つ》いたことがあるが、低い、足元を揺らすような、他にはない響きだった。

　珍皇寺には閻魔大王、小野篁の像がある。そしてそのすぐそばにあるのが六波羅蜜寺だ。六波羅という地獄にゆかりの名の土地は、かつて「平家にあらずんば人にあらず」とまで言わしめた平清盛率いる平家一門が住んでいたところだ。平家が滅亡してからは、鎌倉幕府の六波羅探題が置かれて平家の残党たちを監視していた。六波羅蜜寺にはあの口から仏さまを出している有名な空也像の他に、平清盛像、閻魔大王、地蔵菩薩、運慶など、さまざまな仏像が鎮座している。

閻魔大王は地蔵菩薩の化身だという説もある。身を捨てて人々を守る、あの穏やかな表情の地蔵菩薩と、憤怒《ふんぬ》の顔で人を裁き地獄の鬼を従える閻魔大王が同一人物だというのは驚いた。ただこれは私の解釈なのだが、人を裁けるのは、人のために死ねる人だけではないのだろうか。

世の中には自分を棚に上げて人を裁きたがる人が溢れている。自らが揺るがぬ正義の使者だと言わんばかりに、他人を裁き、つるし上げる人たち。そういう人たちの顔は喜びに満ちているが醜い。自身は正義だと信じて疑わないが、他者を攻撃する言い訳としての正義に酔っているだけではないのか。

今の時代は毎日のように、インターネットという匿名の世界で誰かが炎上し、血祭にあげられている。顔が見えず、名前も匿名だからこそ、罵詈雑言を吐きつづける人が溢れている。動機のほとんどは妬《ねた》みなどのくせに、正義のつもりで叩いているのが醜悪だ。

本当に人を裁けるのは、人のために我が身を捨てられる人だけではないかと、閻魔大王と地蔵菩薩が並ぶ姿を見るたびに思う。

またここの平清盛像は、お経を手にして正面を見据えているが、この眼をはじめて見たときにゾッとした。したたかで権勢を手に入れ、欲望のかぎりを尽くした権力者の眼は、僧形《そうぎょう》であるにもかかわらず、欲に溢れているように私には見えた。

この欲に溢れた邪眼をもつ清盛像が私は大好きで、何度もこの像を見るために六波羅蜜寺を訪れている。仏に仕えても悟りなど開かぬと、傲岸不遜《ごうがんふそん》な顔だと思うが、これこそが人の姿だと思って惹かれている。欺瞞《ぎまん》や偽善などが入る余地のない、この邪眼に。

六道の辻にある西福寺《さいふくじ》（ＭＡＰ🄳㊺）には地獄図があり、盆には絵解きも行われる。このあたりを歩くと、生きながらにして地獄めぐりができる。

六道の辻のすぐそばには、ゆうれい飴の店（ＭＡＰ🄳㊻）もある。『まんが日本昔ばなし』でもやっていたので、知っている人も多いだろう。

ある夜に店じまいした飴屋の雨戸が叩かれたので主人が出てみると、青白い顔の若い女が「飴をくださいと一文銭を差し出した。主人はいぶかしみながらも飴を売ると、翌晩、また女がやってきて「飴をください」と一文銭を差し出す。女はその翌晩も翌々晩も同じように飴を買いにきたが、七日目の晩に「もうお金がないので、これで飴を売ってほしい」と女物の羽織を差し出した。

主人は羽織と引き換えに飴を渡し、翌日、女の羽織を店先に干しておくと、通りがかった長者が店に入ってきて「この羽織は先日亡くなった自分の娘の棺桶に入れたものだが、どこで手に入れたのか」と聞くので、主人はいきさつを話した。その長者と飴屋の主人が娘を葬った墓地へ行くと、娘の墓から赤ん坊の泣き声が聞こえる。急いで掘り起こしてみると娘の亡骸が生まれたばかりの赤ん坊を抱いていた。赤ん坊は、主人が売った飴を食べて生き延びていたのだ。この子どもは後に菩提寺《ぼだいじ》に引き取られて名僧になったと言われている。

今もある「みなとや幽霊子育飴本舗」

死んでも子どもを育てようという執念、これを母性と呼ぶのだろうか。母性というと寛容なもの、聖なるものとして語られがちだけれども、それだけじゃない。肉体が滅んでも、我が子を生かそうとする執着が何よりも怖い。

幽霊とは未練と執着の産物だ。肉体が滅んでも魂がこの世に残り、生者の前に姿を現すだなんて、どこまで深い執着なのだろう。

この界隈には「死」を連想させるものがたくさんあるが、それらに違和感がないのは、ここ京都という街が、死者と生者の境目の曖昧な場所だからだ。

【賽の河原に佇む地蔵　あだしの念仏寺】

これはこの世のことならず
死出の山路の裾野なる
さいの河原の物語
聞くにつけても哀れなり
二つや三つや四つ五つ

十にも足らぬおさなごが
父恋し母恋し
恋し恋しと泣く声は
この世の声とは事変わり
悲しさ骨身を通すなり

無縁仏が並ぶこの場所を訪れるたびに、地獄の賽《さい》の河原《かわら》をうたった「地蔵和讃」が浮かぶ。

嵯峨野の北の果ての**あだしの念仏寺**（MAP🄴㊼）は、空海《くうかい》が開いた無縁仏の寺で、この付近の「化野」は三無常の地のひとつでもある。

あだしの念仏寺は好きな寺だ。もともと無常の地など、死にまつわる場所に惹かれるというのもあるが、都の外《はず》れにある静かなこの寺を訪れると、いつも懐かしさを感じる。境内に並ぶ小さな無縁仏、死者が葬られた場所を懐かしいと感じるのは、いつか自分もそこに行くからだろうか。自分だけではない。自分の身近な人たちも、すべての人に死は平等に訪れる。

ここは桜も美しい。竹の道を抜けて墓地に行くと、そこを囲むように春には桜が咲く。墓場に桜が似合うのは、その華やかさとは対照的な儚さのせいだろうか。桜の散りゆく様子は容赦がない。風が吹けば、たやすく花びらは飛ばされ落ちていく。

少し北に歩くと愛宕念仏寺《おたぎねんぶつじ》（ＭＡＰＥ㊽）があり、無数の羅漢《らかん》さまがいる。あだしの念仏寺の無縁仏とは対照的な、にこやかな羅漢はかわいらしい表情で、子どもを連想させる。しかしさきほど、あだしの念仏寺で水子地蔵を見たあとでは、この幼児を連想させる羅漢すらも、悲しみが漂っている気がしてしまう。

さらに北に行くと清滝《きよたき》トンネル（ＭＡＰＥ㊾）だ。ここは京都では、旧東山トンネルや深泥池《みどろがいけ》などと並ぶ、有名な心霊スポットだ。かつて具体的に何があったのかは知らないけれど、いくつかの怪異体験を聞いたことがある。しかもそれは、「普段はそういうものを感じない」人たちの話だった。

私自身も、京都市内の心霊スポットと呼ばれる場所はほとんど行っているが、不気味だと感じたのはこの清滝トンネルだけだ。場所が化野に近いということもあるだろう。あだしの念仏寺、愛宕念仏寺をお参りして、清滝トンネルに歩いていくと、その暗さと、湿った空気に、昼間だけれども「早くここを通り抜けたい」という衝動にかられた。

あだしの念仏寺は嵯峨野めぐりの終着点でもある。嵐山から野宮《ののみや》神社（MAP[E]⑼⓪）や、常寂光寺《じょうじゃっこうじ》、二尊院、清凉寺《せいりょうじ》を抜けて鳥居本《とりいもと》を歩く。鳥居本は古い町並みが残る特別景観地区である。近年は嵯峨野も観光客は増えたけれど、それでも奥へ行くほどに、嵐山や街中の観光地ほどの混雑はない。

喧騒《けんそう》の嵐山から、空を覆う竹の道をくぐり、緑が美しい道をずっと歩き、鳥居本からあだしの念仏寺に行く道のりは、人と一緒ならば何とも思わないが、ひとりならば、まるで異界へいつのまにか紛れ込んだかのような錯覚すら覚える。

異界――つまりは、死者の世界だ。

清水寺付近の鳥辺野は前述したように、京都で最も人が集まる場所で、昼間はにぎやかすぎて無常の地であった気配はない。蓮台野は住宅地であり商店街が並び、ただ街並みだけを見ると、やはりここも無常の地という感じはしない。けれど化野は、北の果てという場所がらゆえに、最果《さいは》ての地であるという雰囲気が昼間でも漂っている。

　またあだしの念仏寺には「西院《さい》の河原」があり、これは地獄の賽の河原を模している。ここだけ撮影禁止になっているのは、何かが写り込むからだろうか。

　この世とあの世のあいだの三途《さんず》の川の「賽の河原」では、親より先に死んだ子どもたちが河原の石を積み上げ、それを地獄の鬼が崩しにくる。繰り返し、繰り返し石を積む子どもたちを助けるのが地蔵菩薩だ。だから地蔵盆は子どものお祭りなのだ。

　子どもの頃、住んでいる地域には当たり前のように地蔵盆があり、楽しみな行事だった。公民館のグラウンドに夜店が出て、お菓子がもらえた。地蔵盆が全国的なものではないと知ったのは、二十歳《はたち》を過ぎてからだ。地獄の賽の河原の話を知ってから地蔵盆を体験するのは、また違う感触があった。

　子どもの頃は、お菓子をもらえるし、ただ楽しいだけだった地蔵盆だが、まさか親より先に死んだ子どものための祭りだなんて、ひどく切ない。

【転ぶと三年以内に死にます　清水寺・三年坂・二年坂】

「この坂で転ぶと三年以内に死にます」――いきなりそんなことを言われて驚かない人はいない。修学旅行生たちにそう告げると、おそるおそるゆっくりとその坂を下っていく。面白がって突き飛ばす子もいる。

転ぶと三年以内に死ぬ坂――意外にその伝承は知られていない。

二年坂（MAPⒹ50）から**清水寺**（MAPⒹ51）の参道につながる石段の坂が**三年坂**（MAPⒹ52）だ。転ぶと三年以内に死ぬというのは、清水寺の境内にある子安塔《こやすのとう》に安産祈願に来る妊婦さんに「気をつけなさい」と注意を促すためだというが、それにしても「死ぬ」なんて脅《おど》しにしか聞こえない。妊婦さんが上る坂だから、もとは産寧《さんねい》坂と呼ばれていたとの説もある。

三年坂と清水寺の参道の交差したところには古くからある七味屋がある。「七味家本舗」（MAPⒹ53）といい、昔、清水の観音さまに冬に参拝する人たちのため、「からし湯」を出したのが始まりだと言われている。

子安塔はもとは征夷大将軍坂上田村麻呂《さかのうえのたむらまろ》の娘・春子の安産祈願のために建てられたとか、光明《こうみょう》皇后の祈願所だったとも言われ、源義経の母の常盤《ときわ》御前もお参りに訪れたという。

そしてこのあたり一帯が三無常の地のひとつ、鳥辺野だ。鳥が死者をついばんでいたのでその名がついたと言われている。前述の化野、蓮台野と比べて、いちばん人が多いところである。清水寺は日本でも有数の観光地で客足が絶えない。

最近は春と秋だけではなく、夏も冬も年中通して人が溢れていて、かつてここが死体を捨てる場所であったという面影は皆無である。

ところが夜になると、まったく光景が違う。石畳の三年坂、二年坂、清水寺の参道が月の光だけに照らされている付近は、人が誰も住んでいないかのように静かだ。まるで、夜だけ死者が蘇《よみがえ》り、そのために生きている人間は息をひそめて隠れているのではないかと思うほどに。

昼間にぎやかな清水寺の参道を、少し南に行くと無数の墓が並ぶ大谷本廟（MAP D54）がある。西本願寺の門徒の墓が山肌に並ぶこの場所は、夜に来るには勇気がいる。

三年坂を下りて二年坂に着くと、左手に「かさぎ屋」という小さな甘味処があり、「甘党の素通り出来ぬ二寧坂」という立て札がある。画家の竹久夢二は、この店の常連ですぐ右隣に住んでいたらしい。

大正時代に人気をはくした日本画家・竹久夢二は、東京でたまきという年上の女性と暮らし、子どももうけていたが、十七歳の彦乃という美少女に出会い恋におちる。彦乃の父に反対され、ふたりは東京を離れて京都で暮らそうと決めた。夢二はひと足先に京都に来て、この二年坂で暮らし彦乃を待ち、後にふたりで高台寺の近くに住む。しかし、彦乃の父

竹久夢二「黒船屋」

に見つかり、無理やり引き離され、そのまま彦乃は病《やまい》で亡くなってしまう。

夢二をめぐる女性関係は複雑で、かつて夢二と心中未遂を起こした妻のたまきは、彦乃の父を訪ね、「お嬢さんをうちの夫にください」と頼んだりもしている。

夢二はその後、代表作「黒船屋」のモデルといわれる、お葉《よう》という女性と暮らし始め、理想の女を追いつづけていくが、夢二の浮気でお葉も去り、亡くなるときはひとりだった。

そんな彦乃と夢二の切ない恋愛の舞台に、この付近はあまりにも相応《ふさわ》しい。人の死は儚いけれど、恋愛も同じだ。私はこの場所を『鳥辺野心中』という小説に書いている。はじめは恋愛小説を描くつもりがホラーになってしまったのは、そういう場所のもつ力だとしか思えない。

昼間のにぎやかさゆえに、夜の鳥辺野の物悲しさは、他のふたつの無常の地以上のものがある。

誰もいない石畳を歩くと、死と生の境目が曖昧になる気がする。

この坂で転ぶと三年以内に死にます――誰かに背をそっと押されそうな気がするから、怖い。

【もののけの寺　志明院】

「京都最大の魔所」と言われているその場所を目指していった。うちからバスで北大路バスターミナルへ、そこからまた小さなコミュニティバスで三十分、そのバスも一日数本しか通っていない。途中で携帯電話の電波は通じなくなってしまう。バスから降りて、三十分ほど道路を歩いてやっと辿り着いたのが岩屋山《いわやさん》志明院《しみょういん》（MAPⒶ55）だ。

このお寺のことは知らない人も多い。境内のなかは撮影禁止で、雑誌などでもほとんど見かけることはないからだ。しかしここは宮崎駿《はやお》が『もののけ姫』の着想を得たところであり、司馬遼太郎の『街道をゆく』に書かれている不思議な出来事と遭遇した場所であり、歌舞伎「鳴神《なるかみ》」の舞台にもなっている。鴨川の源流であり、京都の鬼門、平安京の「魔」を集めた寺だと言われている。

荷物を受付に預けて山門をくぐる。私以外は一組しか参拝客を見かけなかった。門をくぐり進んでいくと、まるでこの世ではないように空気が澄んだ場所だった。魔を集めた場所であるはずなのに、この世の穢《けが》れが一切ないように思えた。

聞いたことのないような鳥の鳴き声、生き物の声が聞こえてくるが姿は見えない。こんな美しい空間だけれども、「もののけ」はいるのだろうか。いや、そんな場所だからこそ、人ではないものたちの住処《すみか》となっているのかもしれない。平安時代の精霊たちがそのまま存在しているのではないか。

バスの本数が少ないので、歩きながら山を下る。しばらく歩いて人里に入り、電波が通じたところでタクシーを呼んだ。

京都最大の魔所だと言われているが、私には空気の澄んだ清々しい場所にしか思えなかった。ただ、だからこそ、異空間だ。同じ京都市内なのに、空気も水もまったく異なる次元であるように思えた。とにかく美しい場所だった。樹々の緑と、土や水の匂い、身を潜めている生き物たちの息遣いが感じられる。

もしもここに魔を集めたのならば、下界は清らかで健全な世界なのだろうか。むしろ逆ではないのか。追いやられた魔こそが純粋なものに思える。

平安京の魔とは、平安京がつくられたときに殺されたり無念の死を遂げた人たちの恨みのことか。あるいは先住民たちの恨みだろうか。けれど、そうした恨みをここへ追いやったのは、権力にとり憑かれた人間たちであり、支配者であり侵略者でもあった。だとしたら魔とは敗者の念だろうか。それならばやはり純粋なはずだ。悪になれずに悪とされ、追いやられてしまった者たちの魂なのだから。

歌舞伎十八番の「鳴神」のあらすじは、以下の通りだ。世継ぎがいない天皇に、寺院建立と引き換えに祈禱《きとう》を依頼された鳴神上人は、この願を成就させ、天皇には子どもが授かる。しかし寺院建立の約束を反故にされたので、怒った鳴神上人は、雨を降らす龍神を志明院の滝壺に閉じ込めてしまう。すると国中が日照りになり農作物は枯れ、民衆は困り果ててしまった。

そこで朝廷は、宮中一の美女である雲の絶間《たえま》姫を鳴神上人のもとに送り込んだ。はじめはいぶかしんでいた鳴神上人も、姫の色仕掛けに負け、戒をやぶり、たまらず姫にふれてしまう。さらには夫婦の杯を交わそうと姫にすすめられるままに酒を口にし、寝入ってしまい、その隙に姫は龍神を封印していた滝壺の注連縄《しめなわ》を切る。

封が解かれて放たれた龍神は天に上り、大雨が国に降り注いだ。騙《だま》されたと怒り狂う鳴神上人は、姫の跡を追う。

鳴神上人は、女色に、自身の欲望に負け、呪術《じゅじゅつ》が解けた。ただ、欲望に負けることにより、人に戻れたのだとも解釈できる。

きっとこの志明院には、人の欲望も封じ込められているのだろう。

志明院だけではなく、私が京都を歩いて、「空気が澄んでいる」と感じた場所は上京区の上御霊《かみごりょう》神社（MAP B 56）、左京区の崇道《すどう》神社（MAP J 57）だ。どちらもほとんど人を見かけないからかもしれないが、清廉《せいれん》な場所だと感じ、心が落ち着いた。上御霊神社も、崇道神社も、怨霊鎮めの鎮魂の社だ。しかし、そこには恐ろしい念などは感じない。ひたすら静かな、欲望を超越した、仏教用語を使うなら「空《くう》」「悟り」を感じる。

鎮められたからそうなのか、それとも、最初から怨霊や魔などいないのか。

怪談をすると、必ず最後には「でも、生きている人間がいちばん恐ろしい」という台詞《せりふ》を発する人がいる。それを言ったら怪談にならないし、あまりにも典型的な台詞だと思いつつも、結局のところ、そのとおりなのだろう。

生きている人間の罪悪感が怨霊をつくるのだから。

【魔王の住処　鞍馬寺・由岐神社】

もともと鞍馬《くらま》という地名は、「暗魔」だったと言われている。それほどまでに暗く、闇の深い場所だったのだと。

現代でも謎の多い鞍馬の奥には、人がその業《ごう》を捨てにきたという鏡池という場所もある。だとしたら、この空気の澄んだ魔王の潜む寺は、人の業が渦巻いているのだろうか。

鞍馬寺《くらまでら》（ＭＡＰⅠ㊽）の本尊は魔王尊である。またここは毘沙門天《びしやもんてん》を祀る寺でもあり、天狗伝説が残っており、後の源義経（遮那王《しやなおう》、牛若丸）はここで武芸を磨いた。

鞍馬寺から貴船《きふね》に向かう途中の木の根道は、うねうねと異様に身をうねらせる。

出町柳《でまちやなぎ》から叡山電車に乗り、終点の鞍馬駅で降りると、その古い駅舎には残酷絵で知られている月岡芳年《よしとし》の描いた絵が並んでいる。そして駅舎を出て最初に目に入るのは、巨大な天狗の面だ。これはもう、私はあちこちに書いているけど、明らかに男根を意識しているに違いない。それぐらい、「鼻」を誇張している。

鞍馬寺というと遮那王、後の義経がここに預けられ天狗と修行をしたという話だ。ただ、稚児《ちご》であった義経は鞍馬寺の僧侶たちの慰み者になったという説もある。

源義経はドラマや漫画では必ず美形が演じ、美少年に描かれるが、実際は出っ歯でたいした容貌《ようぼう》ではなかったらしい。ただ義経のもつ悲劇性が彼を美少年に仕立て上げた。

幼い頃に父を殺され、母は仇《かたき》であるはずの平清盛の手に落ち、鞍馬寺に預けられた。この時点で悲劇性は十分であるが、我々後世の人間は、その後、平家を滅亡させた義経が兄・頼朝の不興を買い、追い詰められ悲劇的な死を遂げたことを知っている。ゆえに、「悲劇のヒーロー」は、美少年でなければならなかった。

鞍馬には**由岐神社**（MAP[I]59）もある。由岐神社は、奇祭「鞍馬の火祭」で知られている。京都には三大奇祭と呼ばれているものがあって、あとのふたつは今宮神社（MAP[B]5）のやすらい祭と、太秦の大酒神社の牛祭だが、牛祭は現在休止中だ。

由岐神社の火祭は地元の男衆たちがふんどし姿になり、火を焚《た》き、「サイレイヤ」

の掛け声とともに火をともした松明《たいまつ》を手に境内を駆ける。クライマックスは「チョッペン」だ。最初に見たときには驚いた。ふんどし姿の男が担ぎ棒にぶら下がり大股を開き、腰をあげ足をVの字にして股間を見せつけるという、なんとも淫猥《いんわい》な光景だ。そもそも「チョッペン」という名称も、なんだか意味深だ。もともとは性に関する成人の儀式だったのではないか。義経伝説と火祭、うがった見方なのは自覚しているが、「男」の性を漂わせるのは、この寺の神秘性もあるのだろうか。

そんな鞍馬寺ではあるが、鞍馬弘教《くらまこうきょう》の開祖である信楽香雲《しがらきこううん》は女性であり、与謝野晶子の弟子だったと伝えられている。そのつながりで、鞍馬寺の境内には与謝野晶子ゆかりの茶室が移築されている。

尼寺でもないのに女性が貫主《かんしゅ》だというのは大変珍しく、この「男の匂い」の漂う空間の主が女性というのもミステリアスで、やはり「魔」を感じる。

魂が戻る橋　一条戻橋

一条戻橋（ＭＡＰＢ60）。そこは魂が戻る橋と言われている。

魔界スポットなどとたくさんの本には載っているが、行けばなんてことはない。コンクリートの新しい橋で、隣の堀川通にはびゅんびゅんと車が走っていて空気もよくなく騒がしいし、伝説のような妖しい雰囲気はまったく感じられない。

この橋は、一九九五年に架け替えられたものだ。堀川とはいうが、この川には今は水が流れてはいない。かつては友禅染《ゆうぜんぞめ》の糊《のり》落としが行われて、鮮やかな色が水の流れに混じっていたらしいのだが、その風情も今はない。

もともとの橋は近くの陰陽師《おんみょうじ》・安倍晴明《あべのせいめい》を祀る晴明神社（ＭＡＰＢ61）にある。私が京都に来た頃は、正直、晴明神社はそう知られてはいなかった。おそらくその後、岡野玲子の『陰陽師』という漫画と、その映像化作品などにより安倍晴明の名が広がり、この神社を訪れる人が増えたのだろう。

晴明神社の境内のなかにある戻橋の傍《かたわ》らには、奇妙な石の人形がある。これは戻橋の下に安倍晴明が自身の式神《しきがみ》（使い魔）を隠していたと言われる伝承に基づいた式神だが、ユーモラスなつくりで怖さや妖しさはない。

戻橋には伝承が多い。平安時代の漢学者、三善清行《みよしきよゆき》の息子の浄蔵《じょうぞう》が、熊野で修行中に父の危篤の報を聞き、急いでかけつけたが間に合わず、ちょうど父の葬儀の列が戻橋に差し掛かったところに行き合った。浄蔵が泣いて棺にすがると、父が一瞬だけ生き返り、別れの挨拶を交わすことができたことから、この橋は戻橋と呼ばれるようになったと言われている。

晴明神社内に置かれた式神の石像

また源頼光の頼光四天王筆頭の渡辺綱《わたなべのつな》が夜中に戻橋のたもとを通りかかると、美女が立っていて、夜も更けて恐ろしいので家まで送ってほしいと頼まれた。綱はこんな夜中に女が一人でいるとは怪しいと思いながらも、女を馬に乗せた。すると女はたちまち鬼に姿を変え、綱の髪をつかんで愛宕山《あたごやま》の方向へ飛んでいった。綱は鬼の腕を太刀《たち》で斬り落として逃げることができた。その腕は摂津国《せっつのくに》渡辺の渡辺綱の屋敷に置かれていたが、綱の義母に化けた鬼が取り戻したとされる。

高倉天皇の中宮で平清盛の娘の建礼門院の出産のときに、その母の二位殿（平時子）が一条戻橋で橋占《はしうら》を行った。橋占とは、橋の付近に立ち、往来の人の言葉を聞いて吉凶を占うことである。このとき、十二人の童子が手を打ち鳴らしながら橋を渡り、生まれた皇子の将来を予言する歌をうたった。その童子は、陰陽師・安倍晴明が一条戻橋の下に隠していた十二神将の化身であった。建礼門院の子・安徳天皇は後に源氏に追われ、壇ノ浦で二位殿に抱かれて海の底に消える。

安倍晴明は十二神将を式神として使役し家のなかに置いていたが、彼の妻がその顔を怖がったので、晴明は十二神将を戻橋の下に置き、必要なときに召喚《しょうかん》していたという話も伝わっている。

第二次世界大戦中は、出征する兵士はこの橋に参ったそうだ。戻橋の名にちなんで、生きて戻ってこられるように、と。また嫁に行く娘はここに近づいてはいけなかった。「出戻り」にならないようにとのことだ。

一度、この橋の下で酒を飲んだことがある。コンビニで買ってきたビールを軽く口にしていただけだが、夕刻になり赤い空が下りてくると、景色が変わった。

それでもやはり新しいコンクリートの橋のかかる何の変哲もない場所だ——そう思っていたけれど、最近になって、ある有名歌手の父親が戻橋で亡くなったことを知り、少し怖くなった。

「戻る」ではなく「逝く」ではあるけれど、やはりここはあの世とこの世をつないでいる場所なのか。

一見なんの変哲もないありきたりな場所——本当はそういう場所にこそ、魔が潜んでいるのかもしれない。

第三章 人の念が怖い

【暗殺の川　木屋町界隈・高瀬川】

学生時代、飲みに行くとすればだいたい**木屋町界隈**（MAP D62）だった。京都は大学が多く、学生の街なので、今でも週末や新歓の季節は三条から四条にかけての木屋町界隈は学生でにぎわう。

ここには安い居酒屋だけではなく、キャバクラや風俗など、妖しげな光を放つ看板が並び、黒服の男やドレスを着て完璧《かんぺき》な化粧をしたお姉さんたちの姿も見える。祇園や先斗町などは敷居が高いが、安いお金で遊ぶならば、木屋町通は京都いちばんの歓楽街だろう。

夜に飲んで歩くと気がつかないけれど、昼間の木屋町を歩くと、あちこちに石碑があるのが目につく。この付近は、幕末、多くの人が殺され血が流れている。鴨川にかかる三条大橋（MAP D63）は東海道の終着点で宿も多く、人々が集う場所だった。戦国時代などは、時の権力者に逆らう者たちの首を三条河原に晒して見せしめにしていた。

木屋町通は、幕末の血なまぐさい動乱の舞台になった。有名なのは池田屋（ＭＡＰＤ64）だ。新撰組がその名を世にとどろかせた事件の舞台である。ここは事件後も宿屋だったが、近年は「池田屋」という居酒屋になった。もともとはチェーンの居酒屋だが、場所に相応しく、店員がだんだら模様の羽織を着て、大階段があり、メニューも新撰組の隊士ゆかりの名がついている。

そのすぐそば、**高瀬川**（ＭＡＰＤ65）沿いには「大村益次郎卿遭難之碑」がある。大村益次郎、またの名を村田蔵六《ぞうろく》は日本陸軍の祖と言われ、司馬遼太郎の小説『花《か》神《しん》』の主人公でもある。大村益次郎はここで傷を負ったが、その後しばらく生き延びて、最後は大阪で亡くなった。現在その地は大阪医療センターとなっており、偶然にもそこで司馬遼太郎が息を引き取っている。

本間精一郎、岡田以蔵《いぞう》などが斬られた痕《あと》や、土佐藩邸跡、武市瑞山《たけちずいざん》邸、古高《ふるたか》俊太郎邸跡の石碑も目に留まる。ちなみに武市瑞山こと武市半平太《はんぺいた》は、新国劇の代表作で映画やテレビドラマにもなった「月形半平太」のモデルである。

この国が新しくなろうとするとき、たくさんの若者が亡くなり、京都は暗殺の街となった。

また高瀬川の二条には高瀬舟を模した舟がつながれている。高瀬舟といえば森鷗外の小説のタイトルともなっているが、罪人を乗せた舟がこの高瀬川を下っていったのだ。もともと高瀬川は人工の運河だ。安土桃山時代の豪商・角倉了以《すみのくらりょうい》によってつくられている。

木屋町通には元・立誠《りっせい》小学校（MAP[D]⑯）があり、今はカフェやイベントスペースとして使われたり、小学校の教室がそのまま映画館になった立誠シネマもある。立誠の名付け親は、京都府二代目知事の槇村正直《まきむらまさなお》で、新京極や「都をどり」をつくり、明治以降の京都に活気をもたらした人でもある。立誠小学校はもと土佐藩邸跡だ。

このあたりは店舗型の風俗や、キャバクラなども多い。小学校が廃校になったことにより、そういったお店が営業できるようになったのだ。

妖しい場所だけれども、私は嫌いじゃない。幕末の志士たちだって、遊郭《ゆうかく》に出入りし、女と遊んで恋をして、生きる力を養っていた。風俗産業を毛嫌いする人たちがいるのは知っているけれど、人間にとって必要なものだから昔から存在したのだ。家族や恋人にはできない癒《いや》しがそこにある。

私は性の匂いのするうさんくさい場所が好きだ。地方に旅行に行っても、まずそういう場所を訪ねている。性の匂いのするいかがわしい土地に行くと、懐かしさがこみ上げてくる。それは、私を、人間を動かす根源が性にあるからなのだろう。

この世にはそんな場所が必要だ。清らかな水には魚は棲《す》めない。だって、人って、そんなに綺麗で正しい存在ではないもの。愚かで間違ったことをするけれど、だからこそ、愛すべき生き物だ。欠陥のない人や世界なんて愛せない。

高瀬川の澄んだ水面《みなも》を眺めながら、怪しげなネオンの光を浴びると、昔も今も色と欲とで人間は生かされているのだと思う。

【デートスポットは処刑場　鴨川・三条河原】

木屋町で飲んだ学生たちが、鴨川の三条河原（ＭＡＰＤ67）の付近で騒いでいる姿もよく見かける。広くて眺めのよい三条から四条の河原は、昼でも夜でも歩くと気持ちがいい。

昼も夜も、ここにはカップルが並んでいる。私が学生の頃から今にいたるまで、なぜか等間隔でカップルが座り込んで風情を楽しんでいる場所だ。三条大橋（MAP D⑥3）や四条大橋からはまる見えで、わざと幸せアピールして見せつけているとしか思えない。

三条河原は昔、処刑場だった。この場で処刑したり、他所《よそ》で処刑した首を晒す場であった。三条大橋は東海道の終着点で宿が多く人が集まる場所だったので、見せしめるのに最適だったのだ。関ヶ原の戦いで負けた西軍の小西行長《ゆきなが》、安国寺恵瓊《えけい》、石田三成などの首も晒された。

残虐なのは、豊臣秀吉の甥《おい》の秀次の妻子三十九人の処刑だ。秀吉の後継者になるために関白になった秀次は、実子の秀頼が生まれると疎まれるようになる。秀次は「殺生関白」と呼ばれたらしいが、本当なのだろうか。いずれにせよ、秀次は高野山に蟄《ちっ》居《きょ》を命じられ、そこで命を絶たれる。

晩年の秀吉の残虐さは、それだけでは収まらなかった。秀次の妻や子ども、三十九人の首を刎《は》ねたのだ。どれだけ悲惨な光景だったことだろう。女子どもたちは殺され埋められ、その塚の頂上に秀次の首が入れられた石筒が載せられたという。鴨川の水が氾濫《はんらん》したときは、骨が溢れた、無惨なありさまだったという。

三条河原のすぐそばにある瑞泉寺《ずいせんじ》（MAP D68）は高瀬川をつくった角倉了以が建てた寺だが、ここには秀次の妻子たちを祀る「畜生塚」があった。この名前の由来は諸説あり、畜生のように殺されてしまったからだとか、秀次が、母娘を犯したので畜生のふるまいだとか言われている。

しかし秀次は、はたして実際にそんな男だったのだろうか。

秀次が整備し築いた滋賀県の近江八幡に仕事で行くたびに、ゆるやかな川の流れと古い町並みに安心感を覚える。こんな穏やかで美しい街をつくった人を、どうしても悪くは思えない。

鴨川と三条大橋

人間の権力欲の残虐さを見せつけられる三条河原が、今はカップルのデートスポットになっているのは平和なことだと喜ぶべきなのだろうか。

あのカップルの並びが、均等な間隔なのは、その隙間に幽霊がいるのだという話を聞いたことがある。都市伝説にすぎないけれど、あの綺麗な均等間隔はたしかに不思議だ。

ところで秀次だが、山田風太郎の『妖説太閤記』に描かれている秀次と秀吉の関係が面白い。容姿に恵まれず、身体も貧相で、性的にも貧弱な劣等感まみれの豊臣秀吉が知略で天下をとっていく話なのだが、この物語のなかでは、秀吉が秀次を死に追いやった動機は「嫉妬」ということになっている。男前で女に好かれる秀次に我慢ならなくて、秀吉は秀次を追い詰め、残虐な方法で彼の妻と子どもを死に追いやったのだと。

『妖説太閤記』のなかには、秀吉のふるまいを咎《とが》める軍師・竹中半兵衛に対して、「お前にはわからん」と、自分が女性に好かれないという劣等感について語る場面もある。私もたいがいに劣等感が強いので、そんな秀吉のキャラクターに強い共感を覚えた。

世の中を大きく変えた英雄に人格者などいない。人より強い欲がないと国は動かせないし、そのために人でなしになれる人間でないと成し遂げられないこともある。秀吉の強い欲望というのは、生まれたときの身分が低いというコンプレックス、そして男としての能力や容姿の弱さの反動だというのは、たしかにいちばん納得ができる。けれどそんな欲望だけでは、やはり後世に自分が築いたものを残せなかった。晩年の秀吉は醜態《しゅうたい》を晒し、その結果、人が離れ、豊臣家は一代で絶えた。

瑞泉寺は小さな寺で、境内に色とりどりの花が植えられている。繁華街の片隅にあるのに、ここだけは違う空気を纏っているかのようで、静かに死者を祀っている。

【怨霊は学問の神さま　上七軒・北野天満宮・妖怪ストリート】

京都には五花街と呼ばれる花街があるが、**上七軒**（MAP🄱㊴）だけは繁華街と離れているせいか、観光シーズンでも静かでゆっくりと堪能《たんのう》できる。もともと上七軒は、豊臣秀吉が北野の花見の際に、隣の**北野天満宮**（MAP🄱㊵）を改築したときに、余った七本の木でつくられたと伝えられている。

北野天満宮は学問の神さまとして、今は修学旅行生が絶えず訪れてにぎわっているが、もともとは怨霊鎮めの神社だった。平安時代に宇多《うだ》天皇に仕えた菅原道真が祀られている。

道真は大変優秀で、その才を宇多天皇に認められて出世したが、権勢をふるう藤原氏に疎まれ、無実の罪を着せられて九州の太宰府《だざいふ》に流された。「東風《こち》吹かば　匂いおこせよ　梅の花　あるじなしとて　春な忘れそ」という愛した梅の花に自分を忘れないでくれと語りかける道真の歌には無念が籠《こ》もっている。

道真は太宰府で亡くなったが、その後、恨みは怨霊となり、藤原氏をはじめ関係者が次々と亡くなり、人々は道真の恨みだと恐れおののいた。そんな道真の恨みを鎮めるための神社がこの北野天満宮であるが、道真が優秀な人間であったことから、いつからか学問の神さまとなった。

毎月道真の誕生日と命日である二十五日は「天神さん」といって縁日が開かれる。参道には屋台が並んでにぎわっている。またこの付近が北野白梅町《はくばいちょう》と言われるのは、道真の愛した梅が植えられたからで、天満宮の境内には梅苑もあり、冬から春に変わる時期には、人でにぎわう。

最近は修学旅行の仕事で北野天満宮を訪れることも増えた。昇殿参拝することも多い。おかげで本殿の前は大行列で、並んでしばらく待たないとお参りできないくらいだ。大学の合格祈願のために、ということらしい。

雷神、怨霊となり人々を恐れさせた道真の鎮魂の社が、今はこうして無邪気に大学合格を願う学生たちで溢れているのは不思議な光景だ。同じく怨霊の崇徳上皇を祀る白峯神宮が「サッカーの神さま」となっているのと同じだ。

北野天満宮は本殿以外にも見どころが多く、まず道から鳥居を入ってすぐに「落語発祥の地」の石碑がある。江戸時代半ば、露《つゆ》の五郎兵衛《ごろべえ》という人がこの神社境内で自作の笑い話をやり始め、それが落語になったという。石碑は二代目の露の五郎兵衛が平成十一年に支援者を募り建立したものなので、まだ新しい。

また北野天満宮のすぐ近くにある東向《ひがしむかい》観音寺（MAP[B]㉛）には蜘蛛《くも》塚がある。一条戻橋の項にも登場した平安時代の武士源頼光は原因不明の熱病に苦しんでいたが、ある夜、枕元に怪しげな僧が現れ、「苦しめ」と言い、頼光を縄で縛ろうとした。頼光が刀を抜いて斬りつけると、僧はその瞬間に消えて床には数滴の血痕が残っていた。翌日、家来に血痕を辿らせたところ、北野神社の裏に辿り着いた。そこは巨大な土蜘蛛の巣だった。「四天王」と呼ばれた頼光の家来らが、この土蜘蛛を退治し、賀茂川に晒し、腹を裂くと大量の骸骨《がいこつ》が出てきた。土蜘蛛を退治したあと、頼光の熱病はみるみる治った。この土蜘蛛の巣が東向観音寺だと伝えられている。土蜘蛛は、妖怪として伝わっているが、一説には、平安京以前からいる先住民をたとえたのではないかとも言われている。

東向観音寺の蜘蛛塚

北野天満宮の少し南、一条通に行くと、お店の前にユーモラスな人形があるのが目につく。ここは**「妖怪ストリート」**（MAP B 72）と名付けられ、妖怪で町おこしをしている商店街だ。このあたりで百鬼夜行《ひゃっきやぎょう》があったという謂《いわ》れから、始められた。時折、妖怪のフリーマーケットが開催され、多くの人でにぎわい、妖怪ラーメン、妖怪グッズなどを売っている。

怨霊鎮めの神社に学生が集い、妖怪が跋扈《ばっこ》した場所に妖怪好きな人たちが集い、「魔」のありようもそれぞれだなと思うし、京都だからこそこうやって「魔」をエンターテインメントにできるのだとも思う。

怨霊も妖怪もエンターテインメント産業にできる京都の街は、やっぱり「魔界」だ。

【芸術と栄華　新熊野神社・金閣寺】

大学時代の下宿の近くに、木々に囲まれた神社があった。近くにいるときは、ほとんど気にとめたことがなかったが、まさかそこで日本の芸術史上、最重要な出来事があったとは。
新熊野神社（MAP🄵㉝）と書いて、「いまくまの」と読む。そのまま周辺の地名にもなっている。「熊野」は、もちろん和歌山県の熊野神社からだ。新しい熊野で、いまくまの。

室町幕府三代将軍の義満が、後に能を大成する世阿弥《ぜあみ》とここで出会った。義満は当時十七歳、世阿弥は十二歳、少年である。世阿弥の美しさに心を奪われた義満は、世阿弥のパトロンになり、能の普及に尽力する。

想像するだけで腐女子《ふじょし》ではないはずの私まで萌《も》えるBL（ボーイズラブ）ストーリーである。しかも絶世の美少年であった世阿弥の当時の名前は「鬼夜叉《おにやしゃ》」……。美少年の名前が鬼夜叉なんて、できすぎた話だ。鬼のように人並み外れて美しかったのだろうか。織田信長の小姓《こしょう》の「森蘭丸《らんまる》」と並ぶ、日本の歴史上、「それって絶対腐女子にはたまらない」名前である。

世阿弥は能を大成し『風姿花伝』を記すが、義満亡きあとは不遇で、最後は流刑《るけい》に処され配流先《はいるさき》で亡くなるのだが、それも美というものの儚さを表しているかのようだ。

足利義満は室町幕府の将軍のなかで最も権勢をふるった。その義満がつくった**金閣寺**（MAP🄱㉔）は、修学旅行で必ず訪れるところであるが、もともとの建物は一九五〇年に学僧の放火で焼失した。現在の金閣は再建されたものだ。金閣寺は世界遺産に指定されているが国宝ではない。昭和に再建されたものだからだ。

正確には鹿苑寺《ろくおんじ》の舎利殿《しゃりでん》というが、これに金箔を張り巡らしているので、金閣寺と呼ばれている。

足利義満は将軍職を息子の義持に譲ったあと、西園寺公経《さいおんじきんつね》の別荘があった北山殿に別荘をつくり、それを息子の義持が禅宗の寺にしたのが金閣寺だ。

金閣寺は三層になっており、それぞれ義満自身を表していると言われている。一層目の法水院《ほっすいいん》は貴族の家の寝殿造り。これは貴族の最高の位である関白太政大臣《だいじょうだいじん》を表している。二層目の潮音洞《ちょうおんどう》は武士の邸宅で、武士の頂点である征夷大将軍を表している。三層目の究竟頂《くっきょうちょう》は、禅宗寺院の造りであり、これも出家して法皇となった義満のことだ。

舎利殿の頂上にいる鳥が鳳凰《ほうおう》だ。さまざまな動物を組み合わせてつくり上げられた伝説の鳥で、この世に平和が訪れたとき、英雄が現れたときに降り立つと言われている。義満がその「英雄」を自分に見立てているのは明らかだ。つまりこの金閣寺は義満自身なのだ。

以前、修学旅行生に「なんで金閣寺は金なの」と問われたことがある。自分なりに考えた答えだけれども、金はこの世にある物質のなかでいちばん純度が高い。だからだ。

「一番」といえば、金でなければいけなかった。オリンピックだって一番が金メダルだ。

と、これだけ並べると、義満はどれだけ自らの権威を誇示したかったのだと感心する。とにかく「俺が一番」なのだ。

その義満に庇護された世阿弥は、義満の亡きあとは零落してしまうし、金閣寺そのものも放火で焼失した。築き上げられた栄華の象徴は一瞬で消えた。

そんな儚い栄華にすがるのは愚かなことかもしれないけれど、人は欲なしでは生きていけないのも事実だ。権力者とは、人より強い欲をもつ人間なのだから。

金閣寺放火事件は、三島由紀夫の『金閣寺』、水上勉《つとむ》『五番町夕霧楼』など、小説の題材にもされている。ほかに水上勉がルポとして書いた『金閣炎上』などもある。放火事件の犯人と同じく日本海側で生まれ、禅宗の寺に小僧として口減らしに預けられたものの、そこから逃げ出した水上勉は、強いシンパシーを感じたらしい。水上勉の直木賞受賞作『雁《がん》の寺』も禅宗寺院が舞台だが、三島の『金閣寺』と同じく、鬱屈《うっくつ》したエロスが闇に向かう。

世阿弥が大成した能という芸術は後世に残っているが、義満の築いた栄華は跡形もなく燃えてしまった。

足利幕府は、義満の時代が最盛期であり、あとは権威は落ち、世は乱れ、応仁の乱で京都を燃やし、地方の豪族たちの下剋上《げこくじょう》により、滅ぼされていった。

今の再建された金閣寺が輝けば輝くほどに、栄華や人の欲望が虚しい。

【夢のまた夢　豊国廟・方広寺】

大学時代もそのあとも、だいたい東山七条界隈に住んでいた。そのあたりに豊臣秀吉ゆかりのものが多いのは、京都女子大学がある阿弥陀ヶ峰には豊国廟《ほうこくびょう》（ＭＡＰ Ｄ ⑦⑤）・豊臣秀吉の墓があるからだ。徳川家康の墓の日光東照宮に比べれば、秀吉の墓は地味だし、あまり知られていない。これだけ有名で日本人に愛されているにもかかわらず、だ。それは江戸時代になってから、豊臣の権威をなくすために、徳川家が徹底的に破壊したことによる。

秀吉の墓の豊国廟は、人気《ひとけ》もなく寂しいところにあるが、それがかえって権力の虚しさ、諸行無常を感じさせる。

東山七条のバス停で降りて、阿弥陀ヶ峰という山の中腹に向かう参道の途中に京都女子大学があり、幼稚園から大学院まである女の園の真ん中を突きぬけた先に秀吉の墓がある。またこの参道を挟むように、天台宗の妙法院（ＭＡＰ🄳76）と、真言宗の智積《ちしゃく》院（ＭＡＰ🄳77）がある。妙法院は秀吉が方広寺（ＭＡＰ🄳78）で千僧供養をしたときにふるまった食事をつくったということで、台所にある庫裏《くり》が国宝に指定されている。

智積院には長谷川等伯一門の「楓図《かえでず》」「桜図」がある。「楓図」は長谷川等伯自身が早逝《そうせい》した我が子の供養のために描いたと言われており、秀吉の最初の子の鶴松もこちらに祀られている。

また東山七条には、京都国立博物館（ＭＡＰ🄳79）があり、そのすぐそばには秀吉を祀る豊国神社（ＭＡＰ🄳80）、そして方広寺、耳塚（ＭＡＰ🄳81）などがある。耳塚は秀吉の朝鮮出兵の際に、朝鮮の兵士の耳や鼻をそいで持って帰ってきたものが埋められている。方広寺は、かつては巨大な大仏もある大きな伽藍《がらん》の寺だったらしいが、大仏は江戸時代の地震により崩壊し、再興されることはなかった。今は小さな境内に鐘が残っている。

この鐘は、豊臣家滅亡のきっかけになった鐘だ。秀吉亡きあと、豊臣家の財産を減らそうと、家康は豊臣秀頼にあちこちの寺社の修復をさせた。そして家康は、方広寺の鐘に刻まれた「国家安康　君臣豊楽」という言葉が、家康の二文字をふたつに切り分け、豊臣家が栄えるという意味だと言いがかりをつけて、豊臣家に牙《きば》をむいた。

そして大坂冬の陣、夏の陣により、秀頼と母の淀《よど》君は亡くなり、豊臣家は滅亡し、徳川の天下となるのだ。

豊国神社前にある耳塚

方広寺の鐘には、淀君の無念の思いが籠められているとも言われている。鐘の「国家安康　君臣豊楽」の文字は白く浮き出ているので、今でも見ることができる。

学生時代はそう意識したことはなかったが、あとになると、自分がどれだけ歴史的に重要なものが並ぶ場所で過ごしていたのかがわかる。なかでも豊臣秀吉に関するものが多いのに気づく。

秀吉はかつて「英雄」だと思っていた。子ども向けの絵本では、「日吉丸」という名の少年が、貧しい育ちから自らの才覚と知恵で出世していく様子が描かれている。このときに必ず使われるのが、信長の草履《ぞうり》を懐《ふところ》で温めていたエピソードだ。主人信長の仇をとり、天下を統一し、関白太政大臣になる。そもそも「日吉丸」という名前自体が後世のつくりごとだと言われるし、子どもの頃に知っていた秀吉は、いいようにしか書かれなかったけれど、大人になると、前述した秀次、そして千利休《せんのりきゅう》に対する残酷なふるまい、二度の無謀な朝鮮出兵、幼い少女たちを犯し侍《はべ》らせ、「好色」とまで言われた女を貪《むさぼ》る浅ましさなど、人としての醜さが浮き彫りになる。けれど、その人間味こそが秀吉の魅力である。そもそも聖人君子の英雄などつまらないではないか。

そして秀吉が一代で築いた栄華も、秀吉の死後、儚く失われてしまった。秀吉の墓の豊国廟は、人気の少ない寂しい場所で、それもまた、「夢のまた夢」という秀吉の辞世の句を辿っているようだ。

生きて築いたものが華やかであるからこそ、秀吉の残したものは、どれもこれも、ひどく寂しい。

【血天井と歴史をつくった女　養源院】

大学に通うために七条通りに面している三十三間堂《さんじゅうさんげんどう》と、その東にある養源院（MAP D (82)）は毎日のように前を通っていた。

養源院は血天井で知られている。関ヶ原の戦いの前に、上杉景勝《かげかつ》が旗揚げをしたと知らされた徳川家康は軍勢を率いて東に向かう。そうなると伏見《ふしみ》城など、居城が手薄になり、大坂から石田三成の軍が攻め入ってくることはわかっていた。城を空《から》にするわけにはいかず、誰を残すか悩んだ家康に、自ら申し出たのが鳥居元忠だった。元忠は家康が、今川義元のもとに人質になっていた頃から、ずっと仕えていた三河武士だ。ただ三方ヶ原《みかたがはら》の戦いで怪我をして足を悪くしていた。

元忠を伏見城に残し、家康は東に向かう。そして予想どおり、元忠は大坂から攻め入ってきた三成の軍と戦うが、数の上で敵《かな》うはずもなく、徳川の家臣たちは伏見城で腹を切った。切腹してゆく家臣たちを元忠が介錯《かいしゃく》し、最後に自らも切腹したと伝えられている。

伏見城陥落の報を聞いた家康は引き返し、滋賀県と岐阜県の境である関ヶ原で石田三成率いる西軍と対決し、勝利する。敗れた三成、安国寺恵瓊、小西行長らは、京都三条河原にてその首を晒される。

そうしてようやく、徳川の家臣たちの遺体が横たわっていた、血がべっとりと張り付いた伏見城の床を、京都のいくつかの寺で供養のためにと天井にして祀ったのだ。

養源院という寺はもともと信長の妹・お市の夫で、姉川の戦いで織田・徳川連合軍に敗れた浅井《あざい》長政らを祀るために秀吉の側室で長政の娘の淀君が建てた寺だったが、火災で焼失した。その後、淀君の妹である徳川二代将軍秀忠の妻であるお江《ごう》によって再興された。再興の際に、浅井は徳川にとって逆賊だったために、徳川の忠臣たちの霊を弔《とむら》うという名目でこの血天井が必要だったと言われている。

血天井の寺はいくつかあるが、鳥居元忠の亡くなった場所の床は、この養源院の天井になったと言われている。黒い血の跡が残り、兜《かぶと》の跡、もがいた爪痕などが残って

浅井三姉妹関連系図

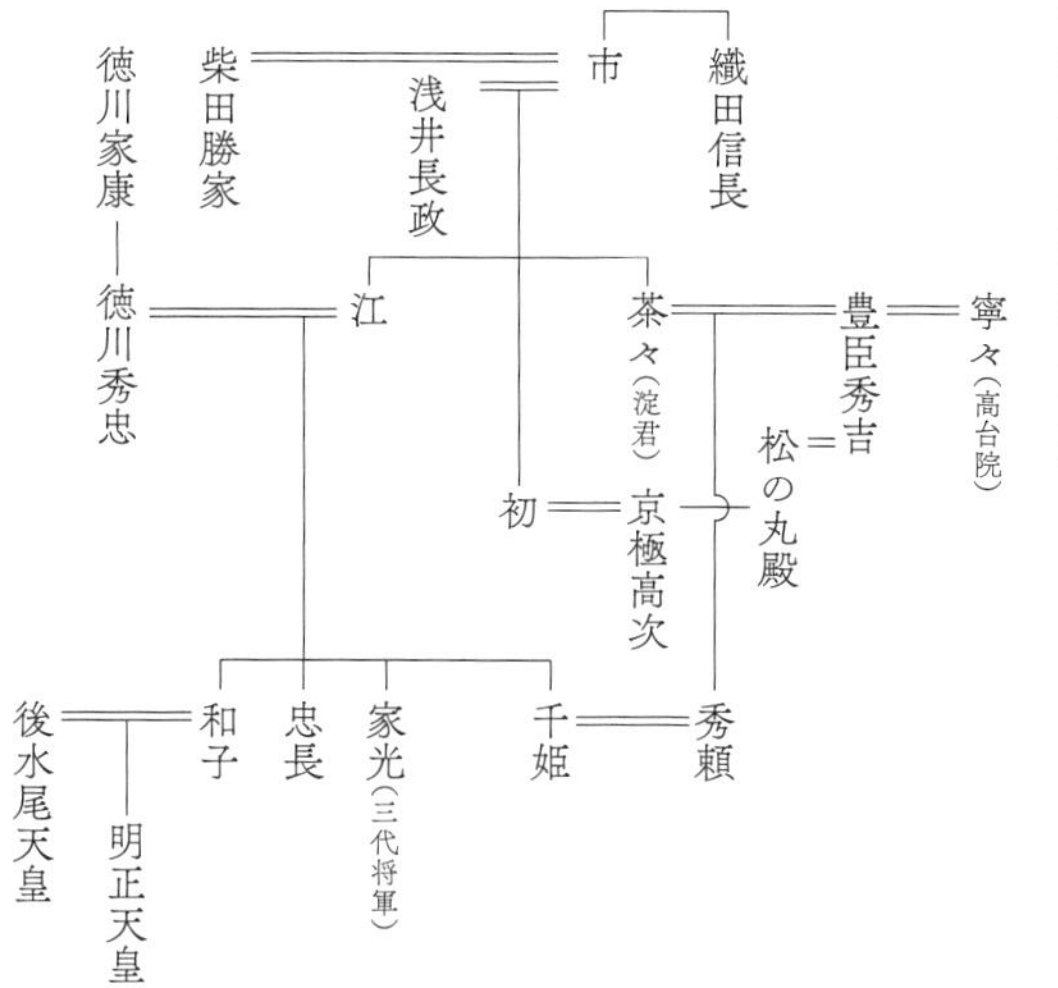

いる。養源院には俵屋宗達《たわらやそうたつ》の絵もあり、元忠たちの供養のために描かれた。

北近江《おうみ》の浅井長政のもとに織田信長の妹のお市の方が嫁いで生まれたのが、お茶々（後の淀君）、お初、お江《ごう》の浅井三姉妹だ。

絶世の美女とうたわれた信長の妹・お市と浅井長政のあいだに生まれたこの三姉妹は数奇な運命を辿り、また歴史の大きな波のうねりに翻弄される。

織田信長と徳川家康との戦いに敗れ、浅井長政は亡くなった。居城であった小谷城《おだに》から、お市と三姉妹は助け出されたが、その際、男の子であった万福丸は殺された。信長の命ではあるが、我が息子に手を下した秀吉をお市は憎んだ。

秀吉はお市に懸想するが、お市はひどく秀吉を恨み、同じく信長の家臣である柴田勝家と再婚する。ところが兄の信長が本能寺の変で明智光秀に殺され、信長亡きあとの天下を望む秀吉と夫の勝家が対立する。北ノ庄城が陥落するなか、お市は二度も夫を見殺しにしたくはないと、今度は夫とともに死ぬことを選ぶ。助け出された三人の娘のうち、お市によく似た長女の茶々は、秀吉の側室となる。

大坂冬の陣、夏の陣で、徳川と豊臣が戦った際に、姉妹は敵同士となる。お江は徳川秀忠の妻で、後の三代将軍家光、そして秀頼の妻・千姫の母であった。淀君と秀頼は攻め滅ぼされ、千姫は家康のもとに連れ戻された。戦国の運命に翻弄された姉妹たちは、それぞれ波乱万丈の人生を送る。

しかし、彼女たちはただ流されて生きてきたのではない。最後まで大坂城を守ろうとした淀君や、大坂の陣の際に、徳川と豊臣のあいだに入り和平交渉をしたお初、とくにお江は徳川三代将軍家光や後の後水尾《ごみずのお》天皇のもとに嫁いだ和子を産み、和子の子どもは明正《めいしょう》天皇となった。将軍の母、天皇の祖母となったお江は、天下を取ったとも言える。

学生時代から不思議だったのは、血天井のある養源院の隣が日本赤十字の血液センターであることだ。意識せずにつくったのだとしたら、引き寄せられたとしか思えない。京都は、こういうところも、やっぱり不思議な街だ。

【利休と秀吉　大徳寺】

平安京を造営したのは桓武天皇だが、現在の京都という街の基盤をつくったのは豊臣秀吉だ。

秀吉といえば大阪城があるために大阪のイメージが強いけれど、伏見城が居城であったし、亡くなったのも、墓があるのも京都だ。けれど、そのことはあまり知られていない。

京都という街が、秀吉を好きではないのかもしれない。成り上がりで、無粋《ぶすい》で、華美な趣味で、度を越した女好きで、あまりにもすべての欲望があからさまだからだ。

子どもの頃の絵本などの『太閤記』には、日吉丸こと豊臣秀吉が身分の低い足軽《あしがる》の子から、才覚で出世して天下をとる、「英雄」としての姿だけが描かれていた。日本人は豊臣秀吉が大好きだ。身分を超えた秀吉には庶民の夢が投影されるからだ。

しかし大人になり、さまざまな秀吉のエピソードを知るにつれ、これほどまでに残酷な人はいなかったのではないかと思う。前述した三条河原での豊臣秀次の妻子の惨殺もそうだが、千利休に切腹を命じた件も、常軌を逸しているとしか思えない。

利休の切腹の原因については諸説あるが、はっきりはしない。女好きの秀吉が利休の娘を所望《しょもう》し、利休がそれを断ったためだという説もある。ただ、切腹させてからの流れがひどい。秀吉は一条戻橋（ＭＡＰⒷ⑥⓪）に利休の首を晒し、確執の理由のひとつともいえる**大徳寺**（ＭＡＰⒷ⑧③）の金毛閣《きんもうかく》の上にあった利休の木像に、その首を踏ませたというのだ。どこまで貶めれば気がすむのだろう。個人的な利休への恨みというよりは、秀吉という人物の抱く劣等感の根深さを感じてしまう。

大徳寺は塀に囲まれており、境内は広い。説法が聞けるので修学旅行の仕事で行くことが多いのは、大仙院だ。

他にも常時公開はしていないが、信長の墓がある総見院《そうけん》という塔頭《たっちゅう》もあり、利休がその像を置いたと言われる金毛閣も残っている。

また、大徳寺は一休宗純《いっきゅうそうじゅん》がいたことでも知られている。その一休が伝えたと言われるのが大徳寺納豆だ。禅宗の僧侶たちの保存食だったそうだが、酸味がきつく好き嫌いはあるだろう。

ここからそう遠くない堀川通の近くに、利休が開祖である裏千家、表千家、武者小路《むしゃこうじ》千家の本家がある。利休の「茶」は、後世にも残されている。

秀吉の残虐な所業の跡が、京都には多い。利休の首が晒された一条戻橋、甥の豊臣秀次の妻子を惨殺した三条河原、その供養のために角倉了以により建てられた瑞泉寺などだ。秀吉が京都に残そうとしたはずの方広寺の大仏は、地震でなくなり再興されず、残されたのは豊臣家滅亡のきっかけとなった鐘ぐらいだ。

秀吉が築いた伏見城は陥落し、後に伏見桃山城（ＭＡＰＰ84）が、昭和の時代に遊園地とともにつくられたが、遊園地もなくなり、今では山にぽつんと城が残っている寂しい光景を目にするばかりだ。

秀吉の墓は前述したが、阿弥陀ヶ峰の中腹にある。秀吉の墓がこの場所にあるのを知らない人も多いし、普段は訪れる人の少ない寂しい場所だ。京都の秀吉ゆかりの場所は、秀吉の闇、影の部分が多いと思う。秀吉の墓はそれを象徴しているかのようだ。

秀吉にとって大坂が陽なら、京都は陰か。

それでも秀吉は京都に城をつくりたかった。それはもちろん皇室があるためだ。支配者になるために、京都が必要だったが、京都で醜態を晒し、その墓も破壊された。秀吉は京都の人に愛されなかった。

【平安京の鬼　羅生門・宴の松原】

黒澤明がヴェネツィア国際映画祭で金獅子賞《きんじし》を受賞した映画『羅生門《らしょうもん》』は、モノクロの映像のなかでも、とくに暗く陰鬱《いんうつ》なオープニングだった印象がある。

語られる場所は平安京の南の羅城門（羅生門）（MAP G 85）だ。ただ、この映画は

「羅生門」というタイトルだが、内容は芥川龍之介の『藪《やぶ》の中』という短編である。盗賊、夫の前で盗賊に犯される妻、夫、事件を目撃した杣《そま》売り、四者四様の言い分が食い違う。三船敏郎の盗賊もだが、京マチ子の演じる人妻・真砂が壮絶に妖艶《ようえん》だった。

人間の怖さを描いた物語は、荒れ果てた羅生門で語られる。羅生門は、一度大風で倒壊し、その後再建されたが、また暴風雨で再度損傷してからは修理されず、荒廃していき、夜には誰も近づかぬ荒れ果てた地区になり、ついには引き取り手のない死者をこの門の上に捨てていくことすら常態化した。芥川龍之介の『羅生門』という小説にも、売るために死人の髪の毛を抜く老婆が登場する。それくらい退廃と荒廃の象徴だったらしい。羅生門には鬼が棲んでいたと言われている。

源頼光が大江山《おおえやま》の酒呑童子《しゆてんどうじ》を討伐したあと、頼光四天王と平井保昌《やすまさ》とで宴を開いていたところ、平井が、巷《ちまた》で羅城門《らじようもん》に鬼がいると噂されていると言い出した。

四天王のひとりである渡辺綱が、都の正門に鬼などいるはずがないと、確かめるためにひとり羅城門に向かうが、綱が羅城門を正面にしたとき、急に激しい風が吹き、綱の乗った馬が脅えたように動かなくなる。

綱は馬を降り、歩いて羅城門に向かうと、背後から何者かが綱の兜《かぶと》を摑んだので、とっさに太刀で斬り付けると、そこには鬼がいた。鬼と綱は激しくやりあうが、綱はついには鬼の片腕を斬り落とした。鬼は、「時節を待ち、取り返すべし」と叫び、暗雲の彼方《かなた》に消えていった。

現在、羅城門は公園内の小さな石碑としてその跡が残っている。目の前の道路は車が行きかい、民家が並ぶ場所で、昔の名残は石碑以外にない。

平安京羅城門跡

平安京には鬼がいた。鬼が最初に登場したのは、帝や貴族たちが住む御所の近く、**宴《えん》の松原**（ＭＡＰ B 86）である。仁和《にんな》三年に松の木の下で女性が鬼に殺されたという説話が『日本三代実録』『今《こん》昔《じゃく》物語集』に記されているほか、藤原道隆が弟・道長と肝試しをしている途中に松原から声が聞こえて逃げ出した話が

『大鏡』には記されている。宴の松原は鬼や妖怪が出没する不気味な場所だったのである。

この宴の松原も、現在は石碑がぽつんと路地の角に建っているだけで、ここが鬼が人を喰った場所であると気づく人などいないだろう。

鬼の正体は人の恨みだとも言われている。人のネガティブな感情を具現化したものだとも。人が人の魂を失ったときに、鬼となる。死んで鬼となる者もいれば、生きて鬼となる者もいる。

貴族たちが優雅に暮らした平安京に鬼が潜み、末世には人の朽ち果てた死体が捨てられた羅城門に巣食うようになった。

人の恨みが鬼ならば、鬼は今もいるに決まっている。

人を恨んだことがない、憎んだことがない人と言う人は、大嘘つきか忘れっぽい幸せな人かどちらかだ。

だから、鬼はいる。私のなかにも、誰のなかにも。

黒澤明の『羅生門』は、四者四様に言い分の違う人間たちの保身や嘘をあからさまにした、まさに、人間のなかの怖さを描いた映画だった。

第四章

恋が怖い

【私を殺して　恋塚寺・神護寺】

好きな男に殺されるのは本望《ほんもう》だ。

どうせいつか死ぬのなら、好きな男の手にかかりたい。そうして一生を終えることができるなら幸福だし、何よりも男のなかで永遠に自分は生きつづけることができる。男の愛などひとときのもので、心変わりを恐れて生きなければならない。だからこそ、男に殺されたかった。完全にエゴだ。自分のことしか考えていない、身勝手な願望だ。男の心に死をもって傷痕を残そうとするなんて。

もちろん実際には死ぬことなんて望んでいないけれど、心の底にそういう願いは、今でもひっそりとある。

京都の南に**恋塚寺**《こいづかでら》（MAP P 87）という小さな寺があり、ここには袈裟《けさ》御前の墓と言われる供養塔がある。

平安時代の後期、天皇に仕える北面の武士であった遠藤盛遠《もりとお》は、摂津の国の渡辺の橋の警護で、幼馴染《おさななじみ》であった袈裟御前と再会し、熱烈に恋をする。しかし袈裟は、源《みなもとの》渡《わたる》の妻であった。それでも収まらぬ血気盛んな遠藤盛遠は、袈裟を無理やり自分のものにし、俺の女になれと迫る。従わねばお前の母を殺す、とも。

袈裟は盛遠に、目印になるように夫の髪の毛を濡らしておくから、夜に自分の家に来て夫を殺してくれと伝える。

袈裟御前の供養塔

盛遠が闇のなかを屋敷に忍び込み、袈裟に言われたとおりに濡れた髪の毛を手にし、首を斬る。これで愛しの袈裟御前は自分のものになったと、手にした首を月明かりに照らしてみると、それは夫の渡ではなく、袈裟の首だった。袈裟は母と夫を守るために、自らの髪の毛を濡らし、盛遠に討たれたのだった。盛遠は発《ほっ》心《しん》し出家して、文覚《もんがく》上人となる。

文覚は、後に伊豆に流されていた源頼

朝に、しゃれこうべを「これは平家に討たれたあなたの父、源義朝のものだ」と見せて、挙兵を促したとも伝えられている。

袈裟御前の話は「貞女《ていじょ》の鑑《かがみ》」だと伝えられているが、本当にそうなのだろうか。袈裟と盛遠に一度だけでも交わりがあり、肌を合わせることにより袈裟は盛遠に惹かれたのかもしれない。けれど夫を殺して一緒になっても、この血の気の多い男は、きっといつか誰かに心変わりをするか、あるいは年を取り自分の容色が衰えれば心が離れていくかもしれないと、懸念したのではないか。

一度でも恋をしたことがある女ならば、恋は儚いものだと知っている。激しければ激しいほどに、残り火は燃えつづける。

夫を殺させて罪人になり、いつか終わる恋を追うよりも、恋する男に殺されることを選んだというのは、私の考えすぎだろうか。けれど、恋塚寺にある袈裟御前の供養塔は、京都の北西にある**神護寺**《じんごじ》（MAP E ⑧）を向いているのだと聞いて、そう思わずにはいられなかった。神護寺は文覚上人により再興された寺で、文覚の墓がある。

そう、袈裟の墓は、文覚の墓を向いているのだ。

もし袈裟が「貞女の鑑」ならば、文覚は自分の家庭を壊したひたすら憎むべき対象の悪人にほかならない。

それなのに、まるで愛おしい人を見上げるように袈裟の墓が文覚のほうを向いているのは、袈裟は本当は文覚を愛して自ら殺されたのではないか――そんなことを、ふとこの小さな寺で思った。

【縁結びは呪いと紙一重？　地主神社・野宮神社】

清水寺には必ずといっていいほどの確率で修学旅行生が訪れるのだが、小学生から高校生まで、女の子たちのお目当ては清水の舞台でも観音さまでもなく、地主《じしゅ》神社（ＭＡＰ D 89）だ。大国主命《オオクニヌシノミコト》を祀る縁結びの神さまである。

近頃のパワースポット流行りのせいだろうか、「縁結び」に目の色を変える女性が子どもから大人まですごい勢いで増えた。清水寺へ誘導して、舞台で解散して自由行動になれば、女の子たちは走って階段を駆け上がり、地主神社を目指す。

ここには縁結びの石がある。ふたつ石があり、その間は数メートル離れているのだが、目をつぶって石から石まで辿り着くと恋が叶うという。けれど今は地主神社も人だらけで、目をつぶってそんなことをしたら人にぶつかりそうだ。

嵯峨野めぐりをする際は、**野宮《ののみや》神社**（MAP🄴⑨⓪）が人気である。ここも縁結びの社として知られている。野宮神社は源氏物語に登場する、光源氏の愛人であった六条御息所の娘が伊勢の斎宮《さいくう》として伊勢に行く際に潔斎《けっさい》した神社である。

六条御息所と光源氏のあいだには、嫉妬のあまり生霊となり光源氏の正妻を呪《のろ》い殺すなど、ドロドロした話があるのだが、そんな気配は見せず、女の子たちは必死に良縁を願っている。

誰か好きな人がいて、その人との縁を結ぶことを願う人もいれば、ひたすらどこかにいい縁がないか、いい男が現れて自分を好きになってくれないかと願う人もいるだろう。

水を差すようで申し訳ないが、熱心に手を合わせて「縁結び」を願う人たちを見るたびに、少し怖いと感じてしまう。

願いと呪いは紙一重だ。

以前『神さま、お願い』という連作短編集を出した。架空の神社に、自らの血を捧げて願いという名の呪いをする女たちの話だ。

だって誰かの願いが叶うということは、誰かの願いが叶わないということだもの。略奪不倫なんて、まさにそうだ。もし好きになった相手に奥さんがいて、その男との恋が成就するということは、その男が奥さんと別れなければいけない。受験だってそうだ。自分が合格すれば、誰かが落ちる。商売繁盛だって、同じだ。自分の仕事が上手くいけば、売り上げが減る人もいる。

そうやって、誰かが何かを得ると、必ず誰かが何かを失う。その顕著なものが恋愛だ。

「縁結び」で人気の地主神社

また、縁結びで具体的に「○○君と恋人同士になりたい」と書いてあるものを見るとゾッとする。もしも、自分の名前がここにあったら、どう思うだろう。好きでもない、興味のない子に、神社に「恋人同士になれますように」「結婚できますように」と縁結びを願われたら……

神さま、お願いだから、願いを叶えないでくださいと手を合わせたくなる。

一方的に恋心が募るのは、相手からしたら迷惑以外の何物でもないし、またそこから妄想《もうそう》を働かされると怖い。

好きな相手に好かれるなんてことは、滅多にない。

ちなみに、学生時代の友人が、地主神社にお参りしてはじめての彼氏ができたけれど、三カ月で別れた。神さまはいちおう願いを叶えてはくれたけれども、その後のことは自分次第ということか。神さまだって、そう甘くはない。

【縁切り神社に行きたい！　安井金比羅宮】

私はときどき、ここを訪れる。人の念を浴びるために。

東大路通沿いに「悪縁を切り良縁を結ぶ」と大きく書かれた垂れ幕がかかる鳥居がある。

縁切り神社・**安井金比羅宮**《やすいこんぴらぐう》（ＭＡＰ🄳㉑）の祭神は崇徳上皇。保元の乱で讃岐白峯に流され、無念のうちに亡くなり怨霊となったと伝えられる。この崇徳上皇の寵姫である阿波内侍《あわのないし》が住んでいたことから、ここに祀られた。

安井金比羅宮の境内に入ると、白い大きな穴のあいた、かまくらのようなものが目に入る。これは形代《かたしろ》で、縁切りを願い、札を貼りつけ、この穴をくぐって縁を切り、戻ってきて良縁を結ぶと言われている。ここは女性が行列をつくるほど人気だ。私も何人かの女性の知り合いに「縁切り神社に行きたい」と言われて連れていったことがある。みんな、そこまでして切りたい縁があるのか。

安井金比羅宮の形代

境内に無数にかけられた絵馬の内容が、なかなかすさまじい。職場のパワハラ、モラハラ、ご近所トラブルなどの縁切り祈願も多いが、家族同士の揉《も》めごと、恋愛、不倫関係の絵馬が溢れている。

なかには憎い相手の住所と電話番号と名前と、切り抜いた写真を貼りつけてあったりするが、こうなればもう願いではなくて呪いだ。妻が夫と愛人との縁切りを願ったり、男が妻と別れることを愛人が願ったり、夫が妻との縁切りを願ったり……。男女の縁切りなんて、こういうところに来る前に話し合うことが先決じゃないかと思うのだが、話し合っても出口が見えず、どうしようもなくこんがらかった糸にまみれている人たちなのかもしれない。

誰だって覚えがある。人間の感情は理屈では解決できないものだ。人を恨むのはよくないことだとわかっていても、奥さんのいる男を好きになってはいけないとわかっていても、気持ちが離れている人をいくら引き留めて執着しても嫌われるだけだとわかっていても、理性的に行動できたらいいけど、そうはいかない。恋をすると、心も身体も理性と感情で引きさかれてしまう。

遠くからこの神社にお参りに来た人たちも少なくないだろう。わざわざここに来て、この絵馬を書くまでに、どんな苦しみや葛藤があったのだろうか。

この絵馬を書いた人たちは、普段はきっと何もなかったかのようにふるまっていて、心のなかでは恨みや呪いを蓄積して生きているのだと思うと、怖くなる。

怖いくせに、人のネガティブな感情が漂うこの場所が、私は好きだ。表でいいことを言って、いい顔をしていても、本心は違うのが当たり前だもの。

綺麗な言葉が世の中には溢れているけれど、私はいつもそれを疑う。裏で家族や周りの人を傷つけてひどいことをしている人が、ネットでは世のため人のため立派な発言をしているのを見ると、たまに反吐《へど》が出そうになる。ネットだけじゃない、実社会でも、いい人ぶって裏で人の足を引っ張ろうとしている人なんて、ごまんといる。人に好かれるために嘘で塗り固めた人たちも。

そんなにもいい人に見られたいのか、いい人ぶって人に好かれたいのか、と辟易《へきえき》する。そんな世界よりも、ここにある絵馬のほうに本当の人間の言葉が存在する。だから私はこの場所が好きだ。人の本音が溢れているのだもの。

ちなみに安井金比羅宮の北の鳥居を抜けるとラブホテル街がある。古くからあるラブホテルばかりだ。

あるとき、この安井金比羅宮で、二枚の絵馬が並んでいるのを見つけた。一枚は、愛人が男の妻を呪う絵馬、もう一枚は夫が妻を呪う絵馬だ。妻の名前は同じだから、不倫カップルがここを訪れて、それぞれ妻を呪う絵馬を書いたのだろう。

ふたりはそのまま、隣のラブホテルに行ったに違いない。妻という共通の敵をもった恋人同士が絡み合い歓喜の声をあげる様を想像すると、セックスすらも怖くなった。

【多情な女と恋の恨み　貴船神社】

あの人、歌はいいんだけど、素行がちょっとね……。

紫式部は日記のなかで、和泉式部をこうくさしているらしいが、女流作家として最高の褒《ほ》め言葉ではないだろうか。

恋多き歌人、和泉式部。大胆なふるまいに周囲が眉《まゆ》を顰《ひそ》めたこともあるらしい。お祭の牛車《ぎっしゃ》のなかで睦《むつ》みあった、要するにカーセックス、しかも人の往来のなかでしたとも書かれている。現代に生きていたらスキャンダルまみれのお騒がせ作家だろう。

恋人が亡くなってすぐに、その弟とデキてしまうくらいなのだから。

けれど多情なだけあって、歌は潤《うるお》いがある。紫式部だとて、「歌はいい」と、その才能を認めているぐらいだ。

そもそも女性作家で後世に残る人は、皆、多情でスキャンダラスだ。与謝野晶子、宇野千代、林芙美子《ふみこ》をはじめ、書くために恋愛をするのかと思えるほどに、女性作家の文学は私生活とつながっている。もちろん、それがすべてではないけれど、反映されて生まれた名作はたくさんある。

和泉式部はその元祖と言えるのではないだろうか。彼女は日記や歌を書かざるをえなかった。秘めておけばいい自分の色恋沙汰も、深い想いも、歌にした。

そんな和泉式部が夫の愛を取り戻すために訪れたと言われているのが**貴船《きふね》神社**（ＭＡＰ[I]92）である。叡山電車に乗って貴船口駅で降りてからしばらく細い道を歩き、石段を上り、奥へ進む。

和泉式部が訪れた結社《ゆいのやしろ》は今では縁結びの社として人気がある。ここの祭神は磐長《イワナガ》姫命《ヒメノミコト》だ。天孫瓊瓊杵尊《ニニギノミコト》が磐長姫命の妹の木花開耶姫《コノハナノサクヤビメ》と結婚しようとしたとき、姉妹の父・大山祇命《オオヤマツミノミコト》は、磐長姫命もともに奉《たてまつ》った。しかし、瓊瓊杵尊は木花開耶姫とだけ結婚したので、磐長姫命はそれを恥じ、「縁結びの神として良縁を授けん」と言って当地に鎮まったという。

しかしこの話もひどい。瓊瓊杵尊が磐長姫命を返したのは、その姿が美しくなかったからだ。妹は美人やけど、姉は不細工やからいらんというわけで……それで磐長姫命が恥じて縁結びの神さまになるというのはちょっと納得がいかない。恥じることなんてないし、悪いのは男だろう。

ついでに言うと、後に木花開耶姫が妊娠したときに、瓊瓊杵尊は「たった一度だけの交わりで妊娠するはずがない。本当に俺の子か？」と疑うので、木花開耶姫は神の子だということを証明するために小屋に火をつけ、そこで子どもを産んだ……という話だ。

女を容姿のみで判断して実家に帰らせたり、妻の妊娠を疑ったり、どう考えても瓊杵尊はひどい男だ。

縁結びで知られるこの神社だが、奥の宮は丑《うし》の刻《こく》参りでも知られている。貴船明神が降臨《こうりん》した「丑の年の丑の月の丑の日の丑の刻」に参詣《さんけい》すると、心願成就するという伝承があったのでその話につながったらしい。

丑の刻参りとは、丑の刻（午前一時から三時）頃に、神社のご神木に藁《わら》人形を五寸釘で打ち付ける呪術のことで、白装束で頭に五徳（鉄輪《かなわ》、三本の足がある鉄の輪）をつけ、三本の蠟燭《ろうそく》を点《とも》すなどの作法があり、主に恋愛関係の嫉妬がらみで女性が行うとされている。毎晩打ち付け、七日目で満願となるが、それまでに丑の刻参りの姿を誰かに見られると効力が失せると言われている。

心変わりした夫と相手の女を呪い殺そうとした宇治の橋姫が、妬む相手を殺すため鬼神になることを願い、その達成の方法として「三十七日間、宇治川に浸《つ》かれ」との示現《じげん》を受けたのも、この貴船神社だ。

昼間でも静かで鬱蒼《うっそう》とした森のなかにあるこの奥の宮に、光のない夜に訪れるなんて、それだけでも恐ろしい。おまけに京都の都からはずいぶん離れているから、ここにひとりで訪れ、誰かを呪うのは、半端な気持ちではできない。

女性誌などでは、「恋がしたい」なんて言葉が溢れているけれど、恋ほど恐ろしいことはないのだ。

【呪いの水を求めて　鉄輪の井戸】

最初にその井戸を見つけたのは、偶然だった。学生時代、自転車で市内をうろうろしていて、ふと小さな石碑が気になって、自転車を降りて、吸い込まれるように路地の奥に入った。住宅に挟まれた、どこにでもある路地だ。

石碑には「鐵輪跡」と書いてあり、これがまさかあの**鉄輪《かなわ》の井戸**（MAP D 93）だろうかと、進んでいった。

小さな稲荷《いなり》の社と、井戸があった。井戸には木の格子で蓋《ふた》がしてあり、さらにその下には針金の格子で厳重に封がしてあった。覗《のぞ》き込んでも暗くて何も見えない。けれどやはり、ここが鉄輪の井戸だった。

昔、ある嫉妬深い女が自分を捨てて浮気相手のもとに走った夫を恨んで、貴船神社に丑の刻参りをした。鉄輪を頭にのせて、その三本足に蠟燭をともし、怒りの心をかきたてると鬼になれるというお告げがあったのだ。夫はそれ以来、悪夢に苦しむようになったので、安倍晴明に占ってもらうと、今夜命を失うだろうと言われる。その夜、女の鬼が現れ、夫を連れていこうとする。調伏《ちょうぶく》の祈禱《きとう》をする安倍晴明。ついに女は調伏され、苦しみながら去って行った。追われた女は、鉄輪の井戸のあたりで息絶えたという。

それから、この水を飲ませると相手との縁が切れるという言い伝えが広まった。鉄輪の井戸は縁切り井戸であるとして、遠方からも井戸水を汲みにくる人が絶えなかったという。

この話が宇治の橋姫伝説とつながり、謡曲「鉄輪」となって広く知られるようになった。隣にある稲荷の社は、江戸時代に、縁切りではよくないと新たに設けられた。井戸は木の格子と針金で塞《ふさ》がれているので、この水を飲ませることは今はできないが、現在でもペットボトルの水をここに供《そな》えて縁切りを願い、そのペットボトルの水を持ち帰って縁を切りたい相手に飲ませると願いが叶うとも言われている。

鉄輪の井戸

夫と夫の浮気相手を呪った妻は、自らが亡くなってしまった。呪いを安易に行ってはいけないのは、その呪いが呪った者に返ってくると言われているからだ。人を呪った者自身も、無事ではいられないのだと。

自分の命を捧《ささ》げるほどの覚悟がないと、人の不幸を願うべきではないということか。

人の不幸を願い、呪ったことがありますか？

私はあります。何度も。

死んでほしいと願ったこともある。

けれど、何度人を恨んで憎んで呪っても、それだけでは人は死なないことも痛感している。つまり私には自らの魂を捧げるほどの覚悟はなかったし、私のような、いや、ほとんどの人間に人を呪い不幸にする力なんて、ないのだ。

ネットには「呪い代行」の業者が溢れているし、藁人形だって売っている。けれどその願いが叶えられた人が、どれくらいいるのだろう。たまたま相手が死んだり不幸になったりしても、それは偶然の確率が高い。

私は今までたくさんの人を呪ってきたけれど、一度も叶えられたことなんかない。だから、もう呪うことはやめた。無駄だもの。

この鉄輪の井戸には、今でも縁切りを願う人の訪れが絶えないという。五寸釘を網の隙間から落とし入れる人もいるらしい。

覗き込んでも、井戸の奥は真っ暗で何も見えないけれど、そこにはたしかに人の念が息づいている。

老いても性を求めうたう　酬恩庵

子どもの頃に見たアニメの『一休さん』。あの明るいアニメに、それまでの内容にひどくそぐわない場面があった。髑髏《どくろ》を杖の先に掲げ、暗い都を歩く一休さんの姿だ。

「頓智《とんち》の一休さん」は実在の人物である。室町時代中期の臨済宗の僧・一休宗純。自らを「狂雲」と称し、詩歌集『狂雲集』を残している。女と酒を愛し、権威と偽善を憎み、それゆえ既存の僧たちからは「悪魔」と言われ、その性的奔放《ほんぽう》さゆえに『狂雲集』は仏教文学のなかで黙殺されている向きもある。

一休は後小松《ごこまつ》天皇の皇子と言われている。母は藤原氏の流れを汲《く》む由緒正しい家の娘だったのだが天皇の寵愛を受けたことにより反発を買い、讒言《ざんげん》を受け、宮中を離れ京都嵯峨野で一休を産んだ。天皇の皇子であり、本来は宮中で華やかな生活を送るはずだったのに、寂《さび》れた場所でひっそりと生まれた皇子は「千菊丸」と名づけられる。千菊丸は六歳で出家し「周建」と名乗る。幼少の頃より才気煥発《さいきかんぱつ》な少年であった。仏の道を求めるために出家した周建は、自分は貴族の生まれだ、武士の生まれだと出自を自慢しあう同窓たちに絶望する。出家というのは釈迦の弟子となることではないのか、出自を自慢しあうなんて浅ましい。周建はいたたまれなくなり苦悩する。

周建十六歳。混沌《こんとん》とした思想なき世に絶望し、琵琶湖に身を投げる。しかしそこに母の使いが偶然現れ、助かったとされる。

一休は権威と化して堕落《だらく》した仏教界と闘った。あるがままの自然の欲望に従い、その当時表向きは御法度であった女犯と酒犯を堂々と行った。一休四十三歳のとき、開山の法要に女を同伴している。開山の法要の前夜、読経《どきょう》が鳴り響くなか、女と情交に耽《ふけ》った。セックスに耽り、経を唱える僧たちを笑った。

一休は人間としての生ぐささを隠さず、取り繕《つくろ》わず、あるがままをうたった。幕府と仏教界の堕落を嘆き、悪魔だ破戒僧《はかいそう》だと罵《ののし》られながらも権力者たちの批判を続けた。

一休六十四歳のとき、『骸骨』を記している。すべての人間は生きながらにして骸骨である。一皮むけば皆骸骨である。これこそ無差別平等の姿である。だからこそ骸骨ほど目出度《めでた》きものはなきと、元旦に髑髏を杖の先に掲げ、都を練り歩いた。

父の姿を知らぬ一休は三十四歳の年に、「親子」としてではないが、はじめて父に拝謁《はいえつ》する。後小松天皇は退位して上皇となり、「禅の話を聞きたい」と一休をたびたび宮中に召されるようになる。一休四十歳の年、後小松天皇は病に臥《ふ》す。それからはとくに一休を召されるようになり、法話を請《こ》われる。後小松天皇は自らが大切にしていた書物などを一休に賜《たまわ》り、亡くなった。

日頃から無一物を建前に不必要なものは所有しなかった一休が、この父・後小松天皇から賜ったものだけは生涯近くに置いていたという。

一休七十七歳で、大坂住吉大社で森女《しんにょ》と出会う。森女は当時三十五〜四十歳くらいだと言われているが、はっきりしていない。住吉大社で艶歌《えんか》をうたう森女の姿に足を止める。立ち止まって聴いているうちに森女は一生懸命うたいだし、一休はその歌の調べに夢中になった。

一休は森女に惹かれたが、老境の己には自分から何かをする気力もなかった。しかし翌年の春、住吉大社で再会した折に、森女のほうから一休を慕う気持ちを聞かされる。

森女は盲目の旅芸人である。老人であった一休の姿を知らない。天皇たちが帰依《きえ》する世に名高い高僧であることも知らない。天皇の子であることも、同じ宗派から破戒僧呼ばわりされている反骨心旺盛な坊主《ぼうず》であることも。

森女にとって一休はただの男。それだけだ。「ただの男」一休を、森女は愛した。そして一休は彼女との出会いにより若返り、これより先、一休が没する十年後まで、一休は二人のセックスをうたいつづける。

一休は淫色は我が業《ごう》だと言っている。建前上は女犯が禁じられた禅宗のなかで、どうしようもない性欲という人間の業のなかで、一休は苦悩し抜いて、そのなかで自分の業を凝視してきた。偽善と建前と権威を憎む風狂《ふうきよう》坊主は「禅」のなかで人間の業をありのままに受け入れる。風ふかば吹け、と。

「美人の雲雨、愛河深し　楼子の老禅、楼上に吟《ぎん》ず　我に抱持《ほうじ》唼吻《しようふん》の興あり　ついに火聚捨身《かじゆしやしん》の心なし」

（美人との契《ちぎ》りは河より深い。その愛欲に溺《おぼ》れて老僧はうたう。わしには抱擁、口づけの興

がある。この煩悩《ぼんのう》の塊のような肉体を、修行のために捨てる心はついにない）

一休さんは、キスが好きだった。そして、性欲煩悩の塊の体を、欲望に押しつぶされそうな体を、欲望の強さに苦しむこともあるだろう体を、そして心を、捨てる気はないと言い切る。

あるがままに。己の欲するままに。煩悩と性欲の塊のような体と心のままに。雨ふらば降れ、風ふかば吹けと。

盲目の無垢《むく》で己の欲望に忠実な女と、八十近い老僧の溶けるような交わり。まるで春の宵《よい》の夢のように、花のように美しいセックスだ。『狂雲集』を読むと、笑いながら遊ぶようにうたうように喜びの声をあげる一休と森女の声が聞こえてくるようだ。

狂雲こと、一休宗純。八十八歳で京都酬恩庵《しゅうおんあん》（ＭＡＰ[O]⑭）にて逝去。七十七歳で森女と出会ってから十年交わりつづけたとあるから、亡くなるまで愛欲煩悩のままに生きたのだろう。素晴らしい一生だと羨ましく思う。

【執念の鐘 妙満寺】

鐘に恨みは数々あれど――。

蛇《へび》は執念の生き物だ。蛇の神さまもいるけれど、やはりあの細長くうねうねと動き光沢を放つ身体に、赤い舌、鋭い目は怖い。

蛇で思い浮かぶのはギリシャ神話に登場するメデューサだ。見た者の姿を石に変えてしまう呪いをもつ女。

蛇には執念を感じる。恋い焦がれたその想いが深いほどに、裏切られたときの憎しみと怒りはすさまじい。

歌舞伎などでは「京鹿子娘道成寺《きょうがのこむすめどうじょうじ》」で知られる紀州和歌山の道成寺の物語が古くから有名だ。安珍《あんちん》という僧が長者の家に一夜の宿を借りたところ、長者の娘の清姫《きよひめ》に情をかけられる。帰りも必ず会いにきてくれと願う清姫に約束するが、安珍はそのまま立ち寄らずに帰ろうとする。

それを知った清姫は裏切られたと怒りに狂い、安珍を追いかける。その姿は次第に大蛇《だいじゃ》に変わる。

安珍は道成寺に逃げ込み、僧らの手助けにより寺の鐘のなかに隠れるが、大蛇に身を変えた清姫は鐘にぐるぐると巻きついて自らの身体より火を発し、鐘とともに安珍を焼き尽くした。その鐘は後に安珍と清姫を供養し再興されるのだが、その鐘が実は今は、京都にある。

妙満寺《みょうまんじ》（ＭＡＰ[J]⑮）という寺で、叡山電車の木野駅、京都精華大学からそう遠くはないところだ。松永貞徳《ていとく》が造営した「雪の庭」があるこの寺のなかで、道成寺の鐘を見ることができる。静かな「雪の庭」を鑑賞したあとで、激しい恋の末路に手を合わす。

安珍が一夜の宿を長者の家でとったとき、清姫を抱いたのだろうか。ただの片想いではなく、一度だけの交わりがあったからこそ、約束を信じ、執着したのではないだろうか。

清姫はまだ少女だ。はじめて男を知り、肉体の幸福を知り、男の甘い言葉を信じていたのなら、裏切られた哀しみは相当なものだったはずだ。

長渕剛の『巡恋歌』に、「こんなに好きにさせといて、勝手に好きになったはないでしょう」という歌詞があるが、これはほとんどの人間が身に覚えのある恨み言ではないか。

すべての恋は片想いで、両方が同じくらい相手を好きだなんて、奇跡に近い。夫婦でも、恋人同士でも、どちらかの一方的な想いがつなぎとめているだけなんてことはよくある。だから、不安になる。自分だけが好きで、相手は自分ほど好きじゃないだなんて。

人の想いや恋心なんて測ることができないし、言葉や態度に出しても伝わらないことがあるし、伝えようとしないこともあるから、人は恋をすると不安になる。

もう一度会えると信じて待っていたのに裏切られて、哀しみと怒りのあまり蛇に身を変える清姫の話に、共感する人は少なくないはずだ。

相手がこちらに気持ちがなければしょうがないと、さっぱり諦めてしまえればいいけれど、そんなに簡単に心は理性で変えられない。自分でもダメだとわかっていても、それでも好きで追いつづけてしまう。だって恋は理性を超えた情動なのだから。

女の深情けで死んだ安珍は気の毒だし、清姫を「怖い」と思う人たちは多いけれど、私は清姫の物語は怖いというよりも、とても悲しい話だと思う。

恋に憑かれた女の、やるせない話だと。

恋は地獄だ。

けれど、それでも人は恋をする。

自らを痛めつけるかのように、地獄を望むかのように。

【源氏物語はホラーだ　河原院】

学生時代、教科書で最初に源氏物語を読んだときには、ほとんど意味はわからなかった。教科書に載る部分なんて断片的だし、学生だから教師だって、「平安時代の優雅な恋愛模様」ぐらいしか言えなかったんじゃないか。

源氏物語の醍醐味《だいごみ》は、ある程度、年齢を経て、いくつかの恋愛を経て、大人になってからでないとわからない。いや、若い頃でも、ぼんやりと思っていたのは、「この主人公の光源氏って……ろくでもない男」ということくらいか。

男前で、育ちがよくて、教養もあり、モテる。でも、だからこそ、次から次へと女に手を出し、その手口にはときどき傲慢さがにじみ出る。少女であった紫の上を強引に自分のものにして、翌朝ショックを受ける彼女に「いつまでも泣いているとみっともない」なんて言い放つ冷たさや、高貴な未亡人である六条御息所と関係したが、彼女のプライドの高さなどにうんざりして距離をとる、そのやり方の無神経さ、義母である藤壺宮に無理やり関係を迫ることなど、あげればきりがない。女を何だと思っているんだと憤慨《ふんがい》しながら読んでしまう。

女に対する傲慢な態度だけではない。光源氏は実は陰湿だ。若い女三宮《おんなさんのみや》を兄に押しつけられ、内心疎ましく思っていると、柏木が女三宮を犯し、彼女は妊娠する。それを知ったあとの、光源氏の陰湿な追い詰め方はなかなかえげつない。ついに柏木は罪悪感で病気になり亡くなってしまう。女三宮は出家して光源氏のもとから逃げてしまうぐらいだ。そもそも、光源氏は義母とのあいだに子どもをつくり、何食わぬ顔をして、父がその子をかわいがるのを見ているのだから、人のことなど責める筋合いもないのに。

光源氏はつくづくひどい男だ。でも、こういう男前で育ちがよくて教養もあり、ユーモアもあり、人あたりもいいモテる男を好きになるとひどい目にあうというのも、すごくリアルだ。

そう、源氏物語は恋愛の嫌な面をリアルに見せてくれる。男がどれだけ傲慢か、豹《ひょう》変《へん》するか。そして「恋」というものが性欲に端を発した衝動であることも。

そして源氏物語はホラーである。

河原院の石碑

堺町通松原には、言われなければ気がつかないほどにひっそりと「夕顔之墳《つか》」の碑（ＭＡＰ🄳96）がある。ひっそりと生きていた夕顔は光源氏に愛されたがゆえに、六条御息所の生霊に呪い殺された。光源氏と夕顔が逢瀬を重ねていた場所は、光源氏のモデルともされる源《みなもとの》融《とおる》の河原院《かわらのいん》（ＭＡＰ🄳97）だとも言われるが、現在は五条大橋の西から、高瀬川沿いに下がると、大きな榎《えのき》があり、そこに河原院の石碑がある。

六条御息所は夕顔のみならず、源氏の正妻である葵《あおい》の上も憑《と》り殺す。生霊の浅ましさに御息所自身も苦悩するが、彼女が亡くなってからも、その死霊は、光源氏の女たちを苦しめつづける。

光源氏に恋をした女は、ほとんど幸せにはなっていない。幼い頃から愛されたはずの紫の上でさえ、最後は出家して光源氏から離れようとする。

恋愛はホラーだと源氏物語を読むと怖くなる。優雅な王朝絵巻の恋物語なんてものじゃない。恋をして美しくなるなんていうのは、最初の段階だけで、その先を進みすぎてしまうと、醜く怖いものしか見えない。


千本ゑんま堂・引接寺には紫式部の供養塔があり、堀川北大路を下がったところには小野篁と紫式部の墓がある。生きている時代がズレているこのふたりの墓がなぜ同じ場所にあるのか。バスガイドの研修では、「紫式部が小野篁を尊敬していた」なんて習いましたが、そんなことは他で聞いたことがない。

男女の愛欲を書いて人を惑わしたことで地獄に堕とされた紫式部を救ったのが小野篁だからという説がある。篁は地獄とこの世を行き来していたのだから。

男女の愛欲を書いてというのならば、私も間違いなく地獄行きだけど、紫式部と同じ地獄なら本望だ。

【恋とは孤独なもの　勝持寺】

願わくば　花の下にて春死なん　その如月《きさらぎ》の望月《もちづき》の頃

漂泊の僧・西行《さいぎょう》法師は桜を愛し、桜の下で死にたいという、かの有名な句を残した。

その西行が出家したと伝えられているのが、京都西山にある**勝持寺**《しょうじじ》（MAP[N]⑱）だ。西行は桜の樹を植え、勝持寺は「花の寺」と呼ばれるようになった。

もともと西行は佐藤義清《のりきよ》という、鳥羽上皇に仕えていた北面の武士だったが、二十三歳で妻子を捨て出家した。それから、旅をして諸国を流離《さすら》い、歌をうたいつづけた。僧になったからといって、悟りを開き欲望を超越したわけではなく、恋の歌なども多く残している。

私の印象に残る西行のエピソードは、高野山にいた頃、人恋しくて、反魂の術を使い人造人間をつくろうとした話だ。野山に打ち捨てられた人の骨に薬を塗って試してはみたものの、見かけは人だが血相が悪く声もか細かった。魂の入っていないものができてしまったので、高野山の奥に捨ててしまい、それからは二度と人をつくることはしなかったという。

世俗を断ち切るために出家したのに、呪術を使ってまで人をつくろうとした西行の、引き裂かれた心が切ない。

寂しがりやのひとり好きというのだろうか、人が恋しくて、人を強く求めるからこそ、孤独を選択せざるをえない人間がいる。求めれば求めるほど、思いどおりにはならないのだと、想いは届かないのだと思い知るからだ。

これは年を取れば取るほどわかることだけれども、人と仲良くなり、好きになり、近づくほど、必ず訪れる別れが辛《つら》い。それならば、最初から誰とも密に交わらず生きていくほうが、悲しみを避けることができる、とも思ってしまう。

人を恋しがる、人を求める人間ほど、寂しがりやで傷つきやすい。臆病だと言われたらそのとおりだけれど、仕方がないのだ。

だから孤独に生きようとするけれど、それでも寂しくてどうしようもないときがある。西行の反魂の話は、寂しさと人恋しさに引き裂かれた人間の矛盾《むじゅん》を思い出させる。

ところで西行の出家の原因は諸説あるのだが、第一章の法金剛院（ＭＡＰⒸ⑩）にゆかりの待賢門院璋子に失恋したという話がある。一度だけ、関係をもったという説もある。もし報われぬ恋に悩んだから俗世を捨てたということが本当ならば、やはり西行は、人を想う熱い心をもっていたのだろう。

上田秋成の『雨月物語』の「白峯」は、待賢門院の息子の崇徳上皇が、その生まれ育ちゆえに父に疎まれ、後に保元の乱にて敗れて朝廷を恨むあまりに天狗になり、無念の思いを抱きながら亡くなった讃岐の地を、西行が訪れる話である。西行は崇徳院の怨霊と対話をするが、かつて愛した女の罪の子である悲しい存在である崇徳院に向き合う西行の姿は、血の通った情が深い人間にみえる。

西行は桜を愛し、桜のもとで死にたいと願ったが、西行にとって桜とは、恋しい人の存在だったのではないだろうか。

恋から逃げようとしたけれど、それゆえに一生、人を恋しがり流離った歌人の生涯は、静かに熱く、美しい。

【恋文売り　須賀神社】

今はすっかりメールやラインの時代になり、ラブレターなんて言葉は死語になった。

けれど、昔、男女のあいだで交わされた恋の歌や手紙を読むと、気持ちがふくよかになるというか、なんとも温かいものが胸に広がる。

私も大昔、すべて片想いで終わったが、思い出したくもない恥ずかしい内容の手紙を書いた覚えがある。

ラブレター、恋文、いろんな言い方があるが、「懸想文《けそうぶみ》」という言葉を知って、感動した。懸想とは、想いをかけること、恋い慕うことという意味だ。なんと美しく、愛らしい言葉なのだろう。

好きだ、愛してる、いろんな表現があるけれど、「恋い慕う」という表現がいちばん美しい。

左京区の聖護院の近くにある、小さな須賀神社《すが》（MAP[K]⑲）に、節分の日に行った。須賀神社は交通守護の神社であるが、節分の日は、懸想文売りが現れる。烏帽子《えぼし》水干姿《すいかん》で顔を隠した男たちが、懸想文を売り歩くのだ。その懸想文を家に持ち帰り、簞笥《たんす》などに入れると衣類が増え、容姿が美しくなり、良縁に恵まれるという。

これは、平安時代に貧乏な貴族が懸想文、ラブレターの代筆をしていたことに由来するらしい。顔を隠しているのは、貧乏でアルバイトでやっているのが恥ずかしいからだという。

自分が文章を書くのを生業《なりわい》にして、つくづく思うのが、文章は会って話す以上に、その人となりをあからさまにする。どんなに見かけを綺麗に取り繕っても、汚い言葉を発する人は美しくない。人間は会えばいくらでも自己演出で取り繕えるけれど、文章には普段隠している内面がにじみ出る。

だから昔のように、歌でやりとりをすることが正解なのかもしれない。その人が自分を本当に好きかどうか、その人のズルさ、薄っぺらさもわかるから。

言葉のやりとりがどれだけ重要であるかを知っていたからこそ、懸想文の代筆をする人たちも必要とされたのであろう。

相手の心を惹きつけるため、自分の想いを伝えるため、その言葉が浮かばない、書けない、言葉を知らない人たちが、教養はあるけれど貧しい貴族に恋文の代筆を頼んだのだ。

小説や映画や音楽は、恋文のようなものだなと思うことがある。結果的には商品となり多くの人の目にふれるものだけれども、そもそもの動機は、特定の人への想いを伝えるためであったり、そうした個人的な、吐き出さずにいられない衝動によってつくられたもののほうが、見知らぬ人たちを感動させたりする。

節分の須賀神社には、女性が多く訪れ、懸想文売りから懸想文を買っていた。

私もつい購入して、家に箪笥はないので、衣装ケースのなかに入れている。今はラブレターなんて書く機会はないし、年を取った恥ずかしさもあるから、あらためてそういうものを書くことはないだろう。

けれどせめて、ラブレターのような小説を書けたらと願っている。

おわりに

みんな京都が大好きだ。

雑誌では「困ったときの京都頼み」といって、京都特集をすれば売れるらしいし、書店には京都本が溢れている。テレビでもしょっちゅう京都案内をしていて、よくもまあネタが尽きないものだと感心する。

よそから京都を訪れる人たちも、「京都が好きで好きで何度も来てるの」と言うし、何より京都人は京都が好きで、日本で一番だと思っているし、京都から離れたがらない。日本の首都は東京かもしれないが、京都人にとっては首都がどうした、こっちは千年の都だ、である。

なんたって京都は商売上手だ。伝統と新しいものを融合した商品を生み出すのが上手い。お寺や神社なども、アートや音楽などを取り入れて若い人たちを呼び込んでいる。

人が多すぎるのが難点だけど、食べ物は美味しいし、老若男女《ろうにゃくなんにょ》楽しめるし、人を集める巧みさは間違いなく日本一だろう。

ただ、京都は誤解されている、と近年強く思っていた。

かわいいものがたくさんあって、ほっこりして、癒されて、京都って、いいところだね――なんて、レンタル着物を着た女子たちが楽しげに口にするたびに、いや、そうかもしれんけど、ほんまは京都はもっと怖い街やでと、言い返したくてたまらなかった。

かわいい、ほっこり、ゆるふわで癒してくれる街――それはあくまで、京都の仮面である。人を和《なご》ませる笑顔をつくり、油断させ、その裏で、にやりと笑う妖しく怖い顔が京都の「ほんま」だ。

だからこそ、京都は面白い。

「はじめに」で書いたように、京都はドロドロとした欲望の吹き溜まりで、それを封印している場所だ。今だって、それは変わらない。

この本では、私の知る、京都の「ほんま」を書いた。

京都の見方が変わったと言われるなら本望である。ぜひ、この本を手に、再び京都を訪れて、欲望の街を堪能してほしい。

二〇一六年十月

花房観音

巻末付録　ＭＡＰ＆紹介スポットリスト

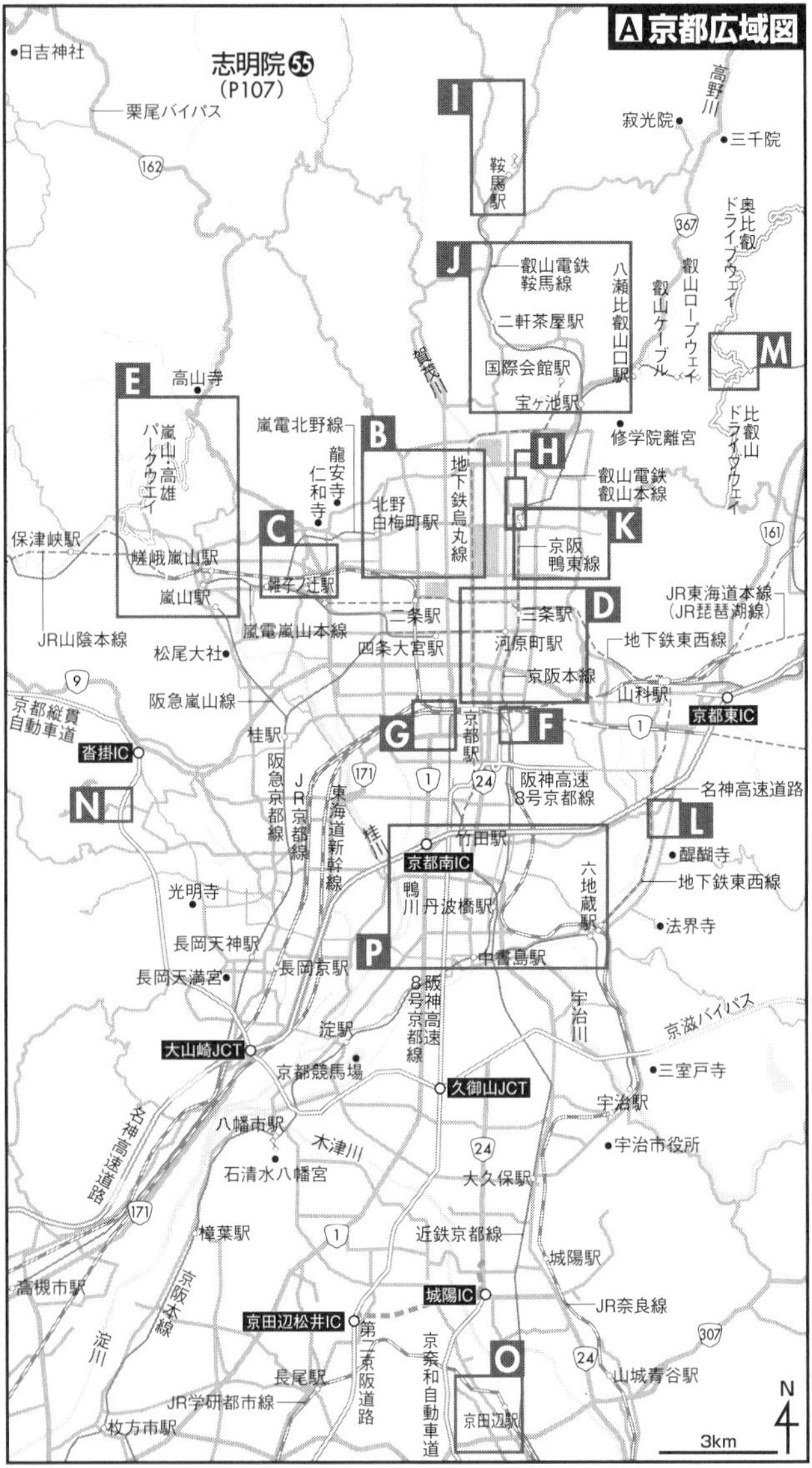
A 京都広域図
日吉神社
志明院55
(P107)
栗尾バイパス
162
I
鞍馬駅
高野川
寂光院
三千院
367
奥比叡ドライブウェイ
J
叡山電鉄鞍馬線
二軒茶屋駅
国際会館駅
宝ケ池駅
八瀬比叡山口駅
叡山ケーブル
叡山ロープウェイ
M
賀茂川
修学院離宮
比叡山ドライブウェイ
E
高山寺
嵐山・高雄パークウエイ
嵐電北野線
B
龍安寺
仁和寺
北野白梅町駅
地下鉄烏丸線
H
叡山電鉄叡山本線
C
K
京阪鴨東線
161
保津峡駅
嵯峨嵐山駅
帷子ノ辻駅
嵐山駅
JR東海道本線
(JR琵琶湖線)
D
二条駅
三条駅
嵐電嵐山本線
JR山陰本線
河原町駅
地下鉄東西線
四条大宮駅
松尾大社
京阪本線
9
山科駅
京都東IC
阪急嵐山線
京都縦貫自動車道
G
京都駅
F
1
桂駅
沓掛IC
171
阪急京都線
JR京都線
東海道新幹線
24
阪神高速8号京都線
名神高速道路
N
桂川
竹田駅
L
京都南IC
醍醐寺
地下鉄東西線
光明寺
鴨川
丹波橋駅
六地蔵駅
法界寺
長岡天神駅
P
長岡京駅
中書島駅
長岡天満宮
阪神高速8号京都線
宇治川
京滋バイパス
淀駅
大山崎JCT
京都競馬場
三室戸寺
久御山JCT
宇治駅
名神高速道路
八幡市駅
木津川
宇治市役所
24
石清水八幡宮
大久保駅
171
橿葉駅
1
近鉄京都線
城陽駅
京阪本線
高槻市駅
城陽IC
JR奈良線
京田辺松井IC
第二京阪道路
307
淀川
京奈和自動車道
O
24
長尾駅
山城青谷駅
JR学研都市線
N
京田辺駅
枚方市駅
3km

B 鞍馬口～北野天満宮
N
500m
5 今宮神社（P22、112）
7 一和（一文字屋和輔）（P25）
大仙院
かざりや 6
83
38 蓮台野（P90）
北大路駅
佛教大学●（P25）
総見院
大徳寺
（P144）
金閣寺
（P132）
74
●北区役所
北大路通
船岡山
上品蓮台寺 40
（P91）
●建勲神社
紫明通
千本通
鞍馬口通
鞍馬口駅
39 引接寺（P90）
上御霊神社 56
（P110）
北野天満宮 70
（P127）
寺之内通
相国寺●
11 千本釈迦堂（P32）
平野神社●
白峯神宮
（P27）
8
上七軒
上京区役所
69（P46、127）
今出川通
今出川駅
61 晴明神社
71 東向観音寺（P129）
（P114）
嵐電北野線
北野白梅町駅
72 妖怪ストリート
一条通
（P130）
60 一条戻橋
（P114、144）
西大路通
知恵光院通
大宮通
烏丸通
地下鉄烏丸線
京都御所
天神通
御前通
七本松通
千本通
86
宴の松原
（P148）
堀川通
京都府庁
円町駅
JR嵯峨野線
丸太町通
丸太町駅

C 太秦
162
300m
N
一ノ丘古墳
鳴滝駅
妙心寺●
常磐小学校
二ノ丘古墳
法金剛院
常盤駅
三ノ丘古墳
（P27、183）
10
丸太町通
嵐電北野線
花園駅
JR嵯峨野線
太秦駅
撮影所前駅
●東映太秦映画村
東映京都撮影所
帷子ノ辻駅
広隆寺
●ライフ
蚕ノ社
三条通
太秦広隆寺駅
天神川
嵐電嵐山本線
蚕ノ社駅
32 帷子ノ辻（P77）
太秦天神川駅
地下鉄東西線

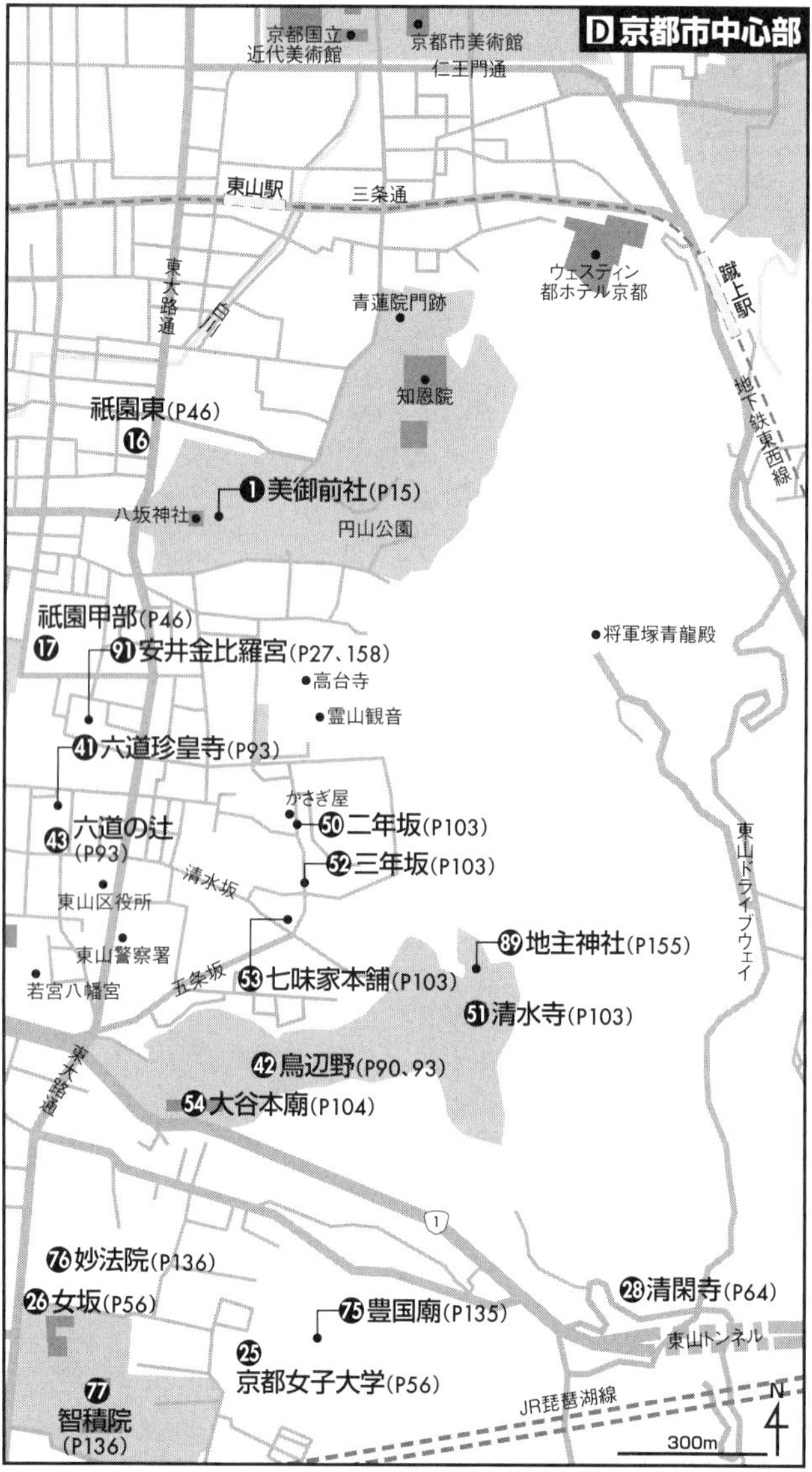

D 京都市中心部
京都国立近代美術館
京都市美術館
仁王門通
東山駅
三条通
ウェスティン都ホテル京都
蹴上駅
東大路通
白川
青蓮院門跡
知恩院
地下鉄東西線
祇園東(P46)
16
1 美御前社(P15)
八坂神社
円山公園
祇園甲部(P46)
17
91 安井金比羅宮(P27、158)
将軍塚青龍殿
高台寺
霊山観音
41 六道珍皇寺(P93)
かさぎ屋
50 二年坂(P103)
43 六道の辻(P93)
52 三年坂(P103)
清水坂
東山区役所
東山ドライブウェイ
89 地主神社(P155)
東山警察署
若宮八幡宮
五条坂
53 七味家本舗(P103)
51 清水寺(P103)
東大路通
42 鳥辺野(P90、93)
54 大谷本廟(P104)
1
76 妙法院(P136)
28 清閑寺(P64)
26 女坂(P56)
75 豊国廟(P135)
東山トンネル
25 京都女子大学(P56)
JR琵琶湖線
N
77 智積院(P136)
300m

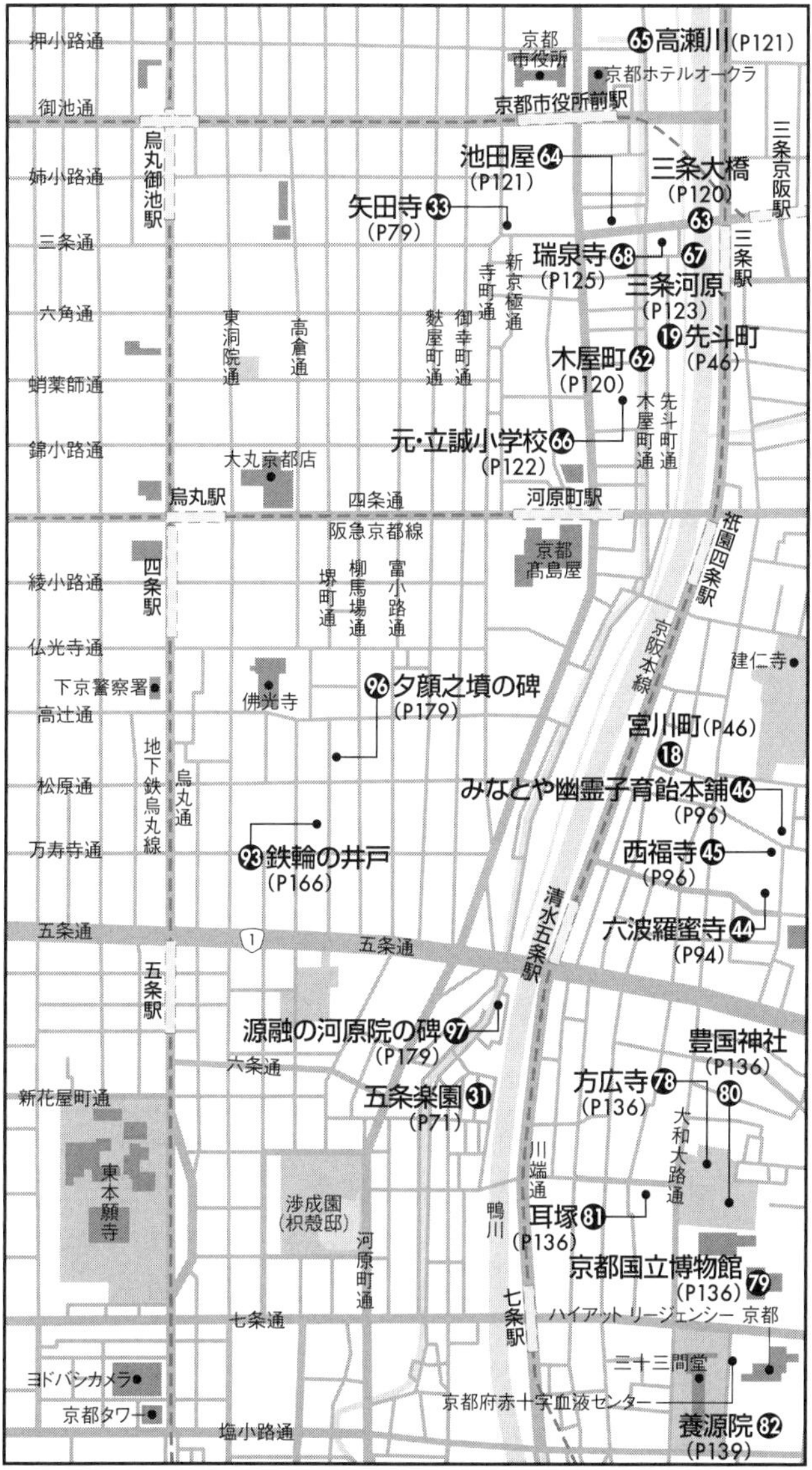
押小路通
御池通
姉小路通
三条通
六角通
蛸薬師通
錦小路通
綾小路通
仏光寺通
高辻通
松原通
万寿寺通
五条通
新花屋町通
京都市役所
京都ホテルオークラ
京都市役所前駅
65高瀬川(P121)
池田屋64
(P121)
矢田寺33
(P79)
三条大橋
(P120)
63
三条京阪駅
三条駅
瑞泉寺68
(P125)
67
三条河原
(P123)
19先斗町
(P46)
木屋町62
(P120)
元・立誠小学校66
(P122)
烏丸御池駅
寺町通
新京極通
麩屋町通
御幸町通
東洞院通
高倉通
木屋町通
先斗町通
大丸京都店
烏丸駅
四条通
河原町駅
阪急京都線
四条駅
京都髙島屋
祇園四条駅
堺町通
柳馬場通
富小路通
京阪本線
建仁寺
下京警察署
佛光寺
96夕顔之墳の碑
(P179)
宮川町(P46)
18
地下鉄烏丸線
烏丸通
みなとや幽霊子育飴本舗46
(P96)
西福寺45
(P96)
93鉄輪の井戸
(P166)
清水五条駅
六波羅蜜寺44
(P94)
1
五条通
五条駅
源融の河原院の碑97
(P179)
六条通
豊国神社
(P136)
方広寺78
(P136)
80
五条楽園31
(P71)
大和大路通
東本願寺
川端通
渉成園
(枳殻邸)
河原町通
鴨川
耳塚81
(P136)
京都国立博物館
(P136)79
七条通
七条駅
ハイアット リージェンシー 京都
三十三間堂
ヨドバシカメラ
京都府赤十字血液センター
京都タワー
塩小路通
養源院82
(P139)

E 嵐山〜高雄
西明寺
神護寺 88
(P154)
槇尾寺
周山街道
嵐山高雄
パークウェイ
観空台遊園地
清滝川
眞休寺
162
福泉寺
菖蒲ヶ丘展望台
菖蒲谷池
導故院
往生院
保津峡
展望台
49 清滝トンネル(P100)
後宇多天皇陵
48 愛宕念仏寺(P100)
47 あだしの念仏寺(P99)
大覚寺
大沢池
50
137
化野(P90) 37
西院の河原
清涼寺
祇王寺 27
(P64)
29
滝口寺 29
(P64)
二尊院
90 野宮神社(P101、156)
落柿舎
嵯峨嵐山駅
常寂光寺
JR嵯峨野線
トロッコ嵯峨駅
御髪神社
嵯峨野
観光鉄道
桂川
嵐電嵐山線
鹿王院駅
嵐山妙見堂
トロッコ
嵐山駅
嵐電嵯峨駅
天龍寺
大悲閣
(千光寺)
嵐山駅
小督塚 30
(P65)
渡月橋
法輪寺
嵐山駅
阪急嵐山線
N
500m

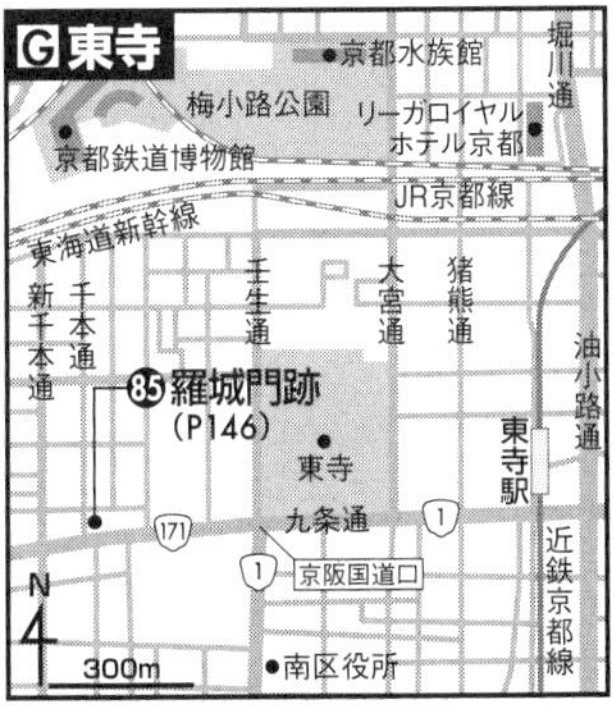
G 東寺
京都水族館
梅小路公園
リーガロイヤルホテル京都
京都鉄道博物館
JR京都線
東海道新幹線
新千本通
千本通
壬生通
大宮通
猪熊通
堀川通
油小路通
85 羅城門跡
(P146)
東寺
東寺駅
九条通
171
1
京阪国道口
近鉄京都線
南区役所
N
300m

F 東福寺
東大路通
醍醐道
京阪本線
73 新熊野神社(P131)
泉涌寺道
東福寺駅
第一赤十字病院
新善光寺
JR奈良線
同聚院
本町通
普門院
即宗院
12
泉涌寺
(P35)
天得院
東福寺
最勝金剛院
願成寺
鳥羽街道駅
N
300m

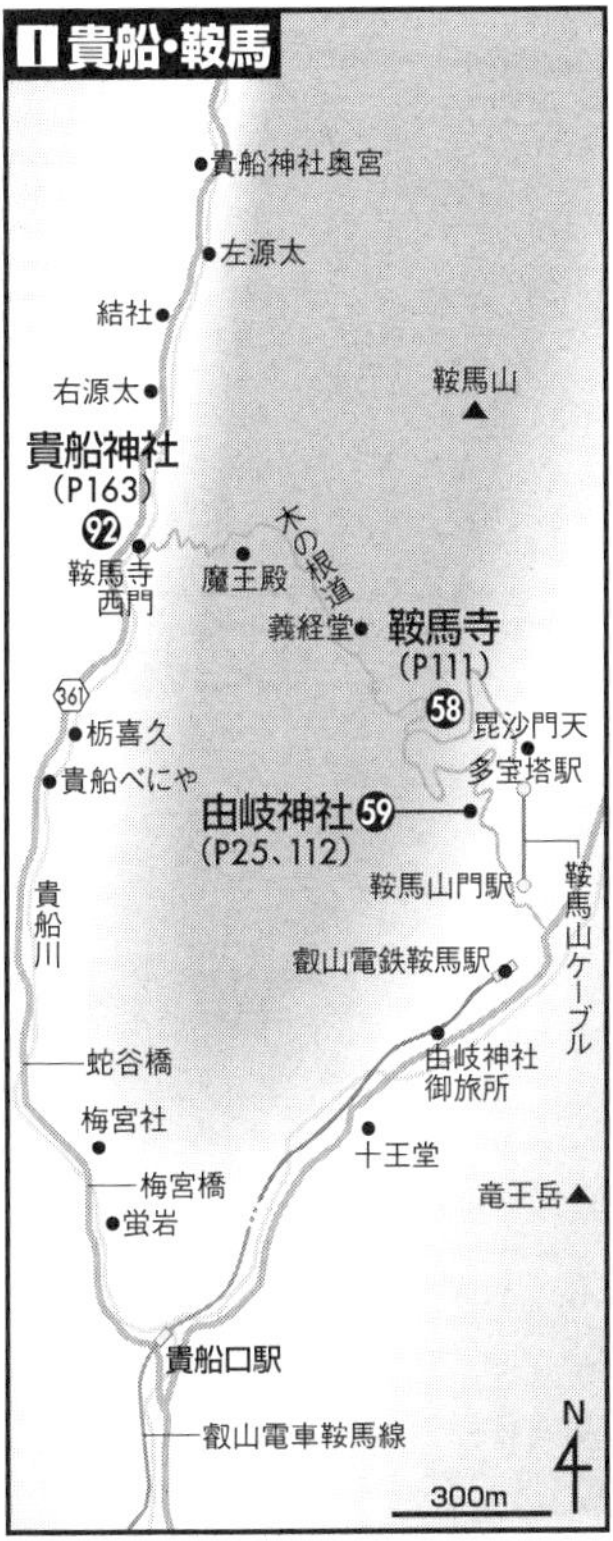
I 貴船・鞍馬
貴船神社奥宮
左源太
結社
右源太
鞍馬山
貴船神社
(P163)
92
鞍馬寺西門
魔王殿
木の根道
義経堂
鞍馬寺
(P111)
58
361
毘沙門天
栃喜久
多宝塔駅
貴船べにや
由岐神社 59
(P25、112)
鞍馬山門駅
鞍馬山ケーブル
貴船川
叡山電鉄鞍馬駅
蛇谷橋
由岐神社御旅所
梅宮社
十王堂
梅宮橋
竜王岳
蛍岩
貴船口駅
叡山電車鞍馬線
N
300m

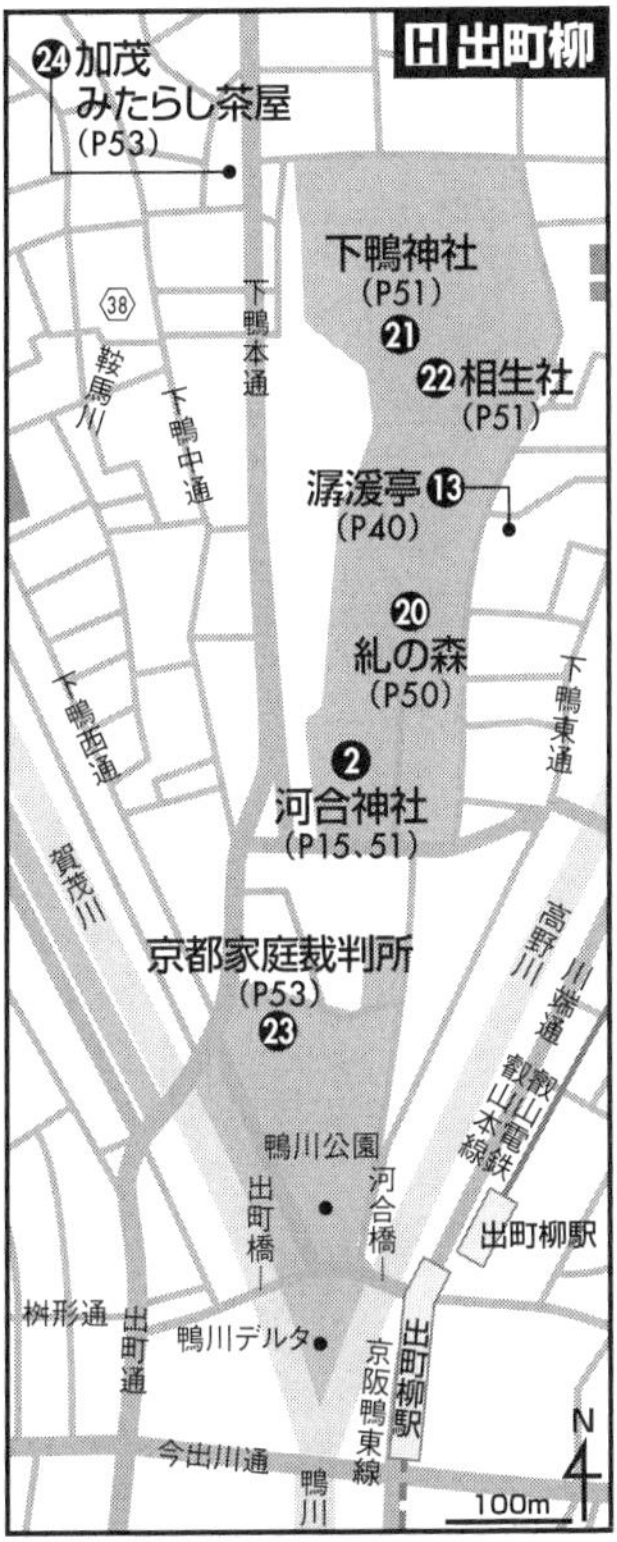
H 出町柳
24 加茂みたらし茶屋
(P53)
下鴨神社
(P51)
21
38
22 相生社
(P51)
下鴨本通
鞍馬川
下鴨中通
潺湲亭 13
(P40)
20
糺の森
(P50)
下鴨西通
下鴨東通
2
河合神社
(P15、51)
賀茂川
高野川
京都家庭裁判所
(P53)
23
川端通
叡山電鉄叡山本線
鴨川公園
出町橋
河合橋
出町柳駅
桝形通
出町通
鴨川デルタ
京阪鴨東線
出町柳駅
今出川通
鴨川
N
100m

J 洛北
N
500m
叡山電鉄鞍馬線
市原バイパス
市原駅
4 補陀洛寺(P21)
大念寺
40
二軒茶屋駅
実相院
長谷八幡宮
京都精華大学
京都精華大前駅
106
105
京都産業大学
木野駅
岩倉駅
三宅八幡宮
崇道神社(P110)
57
95
妙満寺(P175)
八幡前駅
宝ヶ池通
圓通寺
367
藍染院
国際会館駅
三宅八幡駅
国立京都国際会館
宝ヶ池公園
深沢池
宝ヶ池駅
赤山禅院
叡山電鉄叡山本線

K 鴨川〜白川
叡山電鉄叡山本線
出町柳駅
知恩寺
今出川通
東今出川通
白沙村荘(橋本関雪記念館)
銀閣寺(慈照寺)
鴨川
京都大学
吉田山公園
15 春琴堂書店(P44)
神楽岡通
東一条通
法然院(P43)
14
京阪鴨東線
川端通
東大路通
吉田神社
白川通
白川
宗忠神社
迎称寺
近衛通
吉田東通
真如堂
哲学の道
安楽寺
京都大学附属病院
鹿ヶ谷通
霊鑑寺
9 積善院(P27)
金戒光明寺
聖護院
大豊神社
神宮丸太町駅
丸太町通
99 須賀神社(P185)
N
平安神宮
岡崎中学校
300m

M 比叡山
500m
N
奥比叡ドライブウェイ
本覚院
35 36
延暦寺ー横川、
西塔エリア
（P85、86）
延暦寺
（P84）
34
坂本ケーブル
ケーブル延暦寺
比叡山延暦寺東塔
ガーデン
ミュージアム比叡
西尊院堂
比叡山頂
無動寺
弁天堂
無動寺
明王堂
比叡山ドライブウェイ
玉照院

L 小野
名神高速道路
200m
N
117
小野駅
小野御霊町
旧奈良街道
大乗院
醍醐道
3
随心院
（P19）
36
地下鉄東西線
外環状線
重保院
醍醐上ノ山

O 京田辺
JR学研都市線
近鉄京都線
22
棚蔵孫神社
京田辺駅
新田辺駅
中央図書館
94
酬恩庵
一休寺
（P173）
甘南備寺
22
田辺公園
中央体育館
京田辺市役所
N
300m
307

N 大原野
千弥農園
141
大原野IC
140
141
願徳寺
勝持寺
98
（P181）
大原野神社
西迎寺
正法寺
140
京都縦貫自動車道
N
300m
733

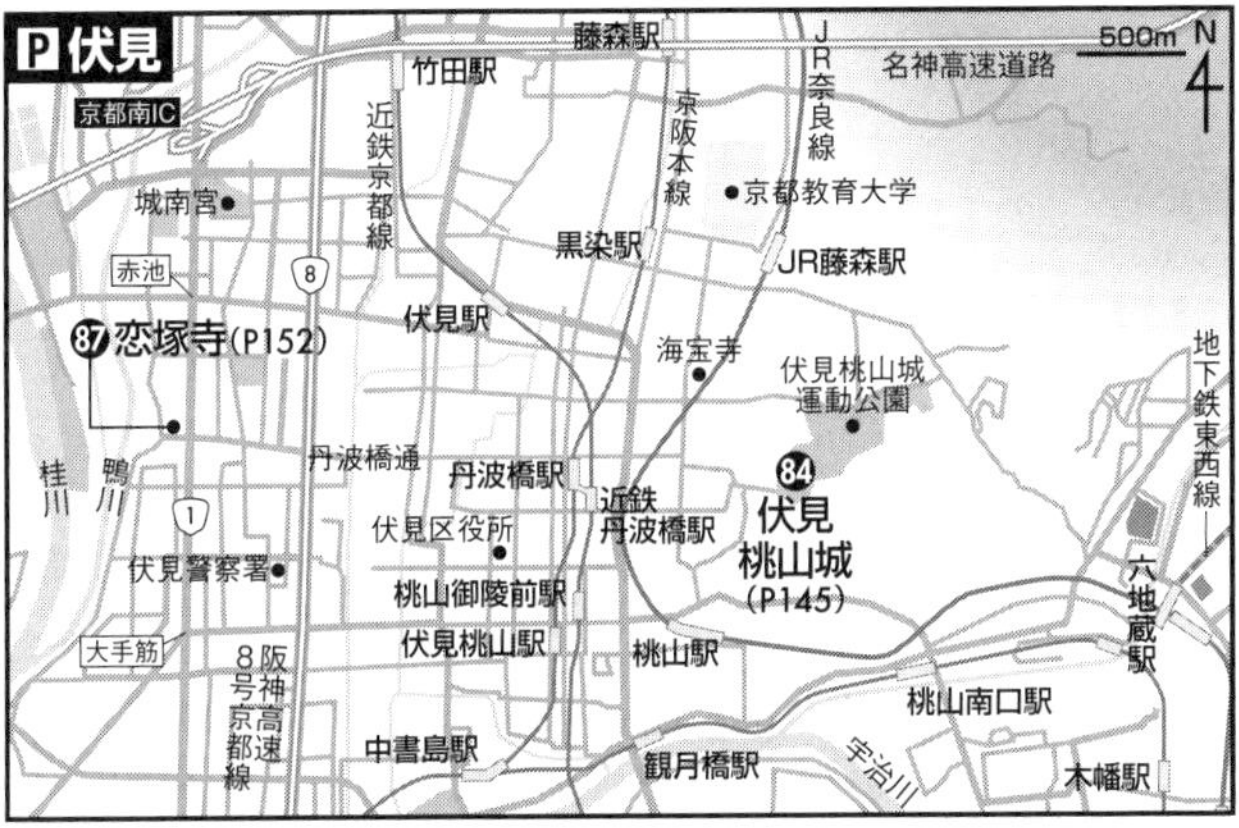
P 伏見
藤森駅
JR奈良線
500m
N
竹田駅
名神高速道路
京都南IC
近鉄京都線
京阪本線
京都教育大学
城南宮
黒染駅
JR藤森駅
赤池
8
伏見駅
87 恋塚寺（P152）
海宝寺
伏見桃山城
運動公園
地下鉄東西線
丹波橋通
丹波橋駅
84
近鉄
丹波橋駅
桂川
鴨川
1
伏見
桃山城
（P145）
伏見区役所
伏見警察署
六地蔵駅
桃山御陵前駅
大手筋
伏見桃山駅
桃山駅
8号京都
阪神高速
桃山南口駅
宇治川
中書島駅
観月橋駅
木幡駅

⑲須賀神社
京都市左京区聖護院円頓美町１
☎075-771-1178
【本文p.185　MAPⓀ】

＊掲載情報はすべて2016年10月現在のものです。変更される場合もありますので、お出かけの際は、最新の情報をご確認ください。なお、MAPの位置はあくまでも目安です。
＊MAPの表示のみで、リストに掲載していないものがございます。ご了承ください。

紹介スポットリスト

①美御前社
京都市東山区祇園町北側625
☎075-561-6155
【本文p.15　MAP🄳】

②河合神社
京都市左京区下鴨泉川町59
☎075-781-0010
【本文p.15　MAP🄷】

③隨心院
京都市山科区小野御霊町35
☎075-571-0025
【本文p.19　MAP🄻】

④補陀洛寺
京都市左京区静市市原町1140
【本文p.21　MAP🄹】

⑤今宮神社
京都市北区紫野今宮町21
☎075-491-0082
【本文p.22、112　MAP🄱】

⑥かざりや
京都市北区紫野今宮町96　今宮神社東門南側
☎075-491-9402
【本文p.25　MAP🄱】

⑦一和（一文字屋和輔）
京都市北区紫野今宮町69
☎075-492-6852
【本文p.25　MAP🄱】

⑧白峯神宮
京都市上京区今出川堀川東入飛鳥井261
☎075-441-3810
【本文p.27　MAP🄱】

⑨積善院
京都市左京区聖護院中町14
☎075-761-0541
【本文p.27　MAP🄺】

⑩法金剛院
京都市右京区花園扇野町49
☎075-461-9428
【本文p.27、183　MAP🄲】

⑪千本釈迦堂
京都市上京区七本松通今出川上ル
☎075-461-5973
【本文p.32　MAP🄱】

⑫泉涌寺
京都市東山区泉涌寺山内町27
☎075-561-1551
【本文p.35　MAP🄵】

⑬潺湲亭
京都市左京区下鴨泉川町
【本文p.40　MAP🄷】

⑭法然院
京都市左京区鹿ヶ谷御所ノ段町30
☎075-771-2420
【本文p.43　MAP🄺】

⑮春琴堂書店
京都市左京区吉田牛ノ宮町 3
☎075-761-1106
【本文p.44　MAP🄺】

⑯祇園東
京都市東山区祇園町北側319
祇園東歌舞会
☎075-561-0224
【本文p.46　MAP🄳】

⑰祇園甲部
京都市東山区祇園町南側570-2
祇園甲部歌舞会
☎075-561-1115
【本文p.46　MAP🄳】

⑱宮川町
京都市東山区宮川筋４丁目306
宮川町歌舞会
☎075-561-1154
【本文p.46　MAP🄳】

⑲先斗町
京都市中京区三条大橋西詰
先斗町歌舞会
☎075-221-2025
【本文p.46　MAP🄳】

㉑下鴨神社
京都市左京区下鴨泉川町59
☎075-781-0010
【本文p.51　MAP🄷】

㉒相生社
京都市左京区下鴨泉川町59
☎075-781-0010
【本文p.51　MAP🄷】

㉓京都家庭裁判所
京都市左京区下鴨宮河町１
☎075-722-7211
【本文p.53　MAP🄷】

㉔加茂みたらし茶屋
京都市左京区下鴨松ノ木町53
☎075-791-1652
【本文p.53　MAP🄷】

㉕京都女子大学
京都市東山区今熊野北日吉町35
☎075-531-7030
【本文p.56　MAP🄳】

㉗祇王寺
京都市右京区嵯峨鳥居本小坂町32
☎075-861-3574
【本文p.64　MAP🄴】

㉘清閑寺
京都市東山区清閑寺山ノ内町11-1
☎075-561-7292
【本文p.64　MAP🄳】

㉙滝口寺
京都市右京区嵯峨亀山町10-4
☎075-871-3929
【本文p.64　MAP🄴】

㉝矢田寺
京都市中京区寺町通三条上ル523
【本文p.79　MAP🄳】

㉞延暦寺
滋賀県大津市坂本本町4220
☎077-578-0001
【本文p.84　MAP🄼】

㊴引接寺
京都市上京区千本通蘆山寺上ル閻魔前町34
☎075-462-3332
【本文p.90　MAP🄱】

㊵上品蓮台寺
京都市北区紫野十二坊町33-1
☎075-461-2239

【本文p.91　MAPⒷ】

㊶六道珍皇寺
京都市東山区大和大路通四条下ル4丁目小松町595
☎075-561-4129
【本文p.93　MAPⒹ】

㊸六道の辻
京都市東山区大和大路通四条下ル4丁目小松町595
【本文p.93　MAPⒹ】

㊹六波羅蜜寺
京都市東山区五条通大和大路上ル東
☎075-561-6980
【本文p.94　MAPⒹ】

㊺西福寺
京都市東山区松原通大和大路東入2丁目轆轤町81
☎075-551-0675
【本文p.96　MAPⒹ】

㊻みなとや幽霊子育飴本舗
京都市東山区松原通大和大路東入2丁目轆轤町80-1
☎075-561-0321
【本文p.96　MAPⒹ】

㊼あだしの念仏寺
京都市右京区嵯峨鳥居本化野町17
☎075-861-2221
【本文p.99　MAPⒺ】

㊽愛宕念仏寺
京都市右京区嵯峨鳥居本深谷町2-5
☎075-865-1231
【本文p.100　MAPⒺ】

㊿清水寺
京都市東山区清水1丁目294
☎075-551-1234
【本文p.103　MAPⒹ】

53七味家本舗
京都市東山区清水2丁目221
☎0120-540-738・075-551-0738
【本文p.103　MAPⒹ】

54大谷本廟
京都市東山区五条橋東6丁目514
☎075-531-4171
【本文p.104　MAPⒹ】

55志明院
京都市北区雲ケ畑出谷町261
☎075-406-2061
【本文p.107　MAPⒶ】

56上御霊神社
京都市上京区上御霊前通烏丸東入上御霊竪町495
☎075-441-2260
【本文p.110　MAPⒷ】

57崇道神社
京都市左京区上高野西明寺山町34
☎075-722-1486
【本文p.110　MAPⒿ】

58鞍馬寺
京都市左京区鞍馬本町1074
☎075-741-2003
【本文p.111　MAPⒾ】

59由岐神社
京都市左京区鞍馬本町1073
☎075-741-1670

【本文p.112　MAPⒾ】

61晴明神社
京都市上京区晴明町806
☎075-441-6460
【本文p.114　MAPⒷ】

64池田屋
京都市中京区三条通河原町東入中島町82　申和三条ビル
☎075-257-8122
【本文p.121　MAPⒹ】

66元・立誠小学校
京都市中京区備前島町310-2
立誠・文化のまち運営委員会事務局
☎075-708-5318
【本文p.122　MAPⒹ】

68瑞泉寺
京都市中京区木屋町通り三条下ル石屋町114-1
☎075-221-5741
【本文p.125　MAPⒹ】

69上七軒
京都市上京区今出川通七本松西入真盛町742
上七軒歌舞会
☎075-461-0148
【本文p.46、127　MAPⒷ】

70北野天満宮
京都市上京区馬喰町
☎075-461-0005
【本文p.127　MAPⒷ】

71東向観音寺
京都市上京区今小路通御前通西入上ル観音寺門前町863
☎075-461-1527
【本文p.129　MAPⒷ】

73新熊野神社
京都市東山区今熊野椥ノ森町42
☎075-561-4892
【本文p.131　MAPⒻ】

74金閣寺
京都市北区金閣寺町１
☎075-461-0013
【本文p.132　MAPⒷ】

75豊国廟
京都市東山区今熊野北日吉町
【本文p.135　MAPⒹ】

76妙法院
京都市東山区妙法院前側町447
☎075-561-0467
【本文p.136　MAPⒹ】

77智積院
京都市東山区東大路通七条下ル東瓦町964
☎075-541-5361
【本文p.136　MAPⒹ】

78方広寺
京都市東山区正面通大和大路東入茶屋町527-2
☎075-561-7676
【本文p.136　MAPⒹ】

79京都国立博物館
京都市東山区茶屋町527
☎075-525-2473
【本文p.136　MAPⒹ】

80豊国神社
京都市東山区大和大路正面茶屋町
☎075-561-3802
【本文p.136　MAPⒹ】

㊵耳塚
京都市東山区茶屋町533-1
【本文p.136　MAP D】

㊶養源院
京都市東山区三十三間堂廻町656
☎075-561-3887
【本文p.139　MAP D】

㊷大徳寺
京都市北区紫野大徳寺町53
☎075-491-0019
【本文p.144　MAP B】

㊸伏見桃山城
京都市伏見区桃山町大蔵45
【本文p.145　MAP P】

㊹羅城門跡
京都市南区唐橋羅城門町花園児童公園内
【本文p.146　MAP G】

㊺宴の松原
京都市上京区出水通千本西入ル
【本文p.148　MAP B】

㊻恋塚寺
京都市伏見区下鳥羽城之越町132
☎075-622-3724
【本文p.152　MAP P】

㊼神護寺
京都市右京区梅ヶ畑高雄町５
☎075-861-1769
【本文p.154　MAP E】

㊽地主神社
京都市東山区清水１丁目317
☎075-541-2097
【本文p.155　MAP D】

㊾野宮神社
京都市右京区嵯峨野宮町１
☎075-871-1972
【本文p.101、156　MAP E】

㊿安井金比羅宮
京都市東山区下弁天町70
☎075-561-5127
【本文p.27、158　MAP D】

92貴船神社
京都市左京区鞍馬貴船町180
☎075-741-2016
【本文p.163　MAP I】

93鉄輪の井戸
京都市下京区堺町通松原下ル鍛冶屋町
【本文p.166　MAP D】

94酬恩庵一休寺
京田辺市薪里ノ内102
☎0774-62-0193
【本文p.173　MAP O】

95妙満寺
京都市左京区岩倉幡枝町91
☎075-791-7171
【本文p.175　MAP J】

96夕顔之墳の碑
京都市下京区堺町通高辻下ル
【本文p.179　MAP D】

97河原院邸の碑
京都市下京区木屋町通五条下ル
【本文p.179　MAP D】

98勝持寺
京都市西京区大原野南春日町1194
☎075-331-0601
【本文p.181　MAP N】

装幀：芦澤泰偉
装画・章扉イラスト：あべちほ
地図作成：林　雅信（Lotus）

京都しあわせ倶楽部

〈著者紹介〉
花房観音（はなぶさ　かんのん）
1971年兵庫県生まれ。京都女子大学文学部中退後、映画会社や旅行会社などの勤務を経て、2010年に『花祀り』で第１回団鬼六賞の大賞を受賞してデビュー。現在も京都でバスガイドを務める。京都観光文化検定２級所持。著書に『花祀り』『偽りの森』（以上、幻冬舎文庫）、『寂花の雫』『萌えいづる』（以上、実業之日本社文庫）、『女坂』（講談社文庫）、『まつりのあと』（光文社文庫）、『京都 恋地獄』（角川文庫）、『花びらめくり』（新潮文庫）など多数。

愛欲と情念の京都案内
魔の潜むこわ～い街へようこそ

2016年11月22日　第１版第１刷発行

著　者　花房観音
発行者　安藤　卓
発行所　株式会社ＰＨＰ研究所
京都本部　〒601-8411　京都市南区西九条北ノ内町11
文芸教養出版部　☎075-681-5514（編集）
東京本部　〒135-8137　江東区豊洲5-6-52
普及一部　☎03-3520-9630（販売）
PHP INTERFACE　http://www.php.co.jp/
制作協力
組　版　株式会社PHPエディターズ・グループ
印刷所
製本所　図書印刷株式会社

ISBN978-4-569-83456-6

『京都しあわせ倶楽部』刊行にあたって

都が置かれる、はるか以前から、京の町には多くの人々が住み着き、平安京の時代は言うに及ばず、時代が下っても、天下人をはじめとして、多くの戦国武将たちが京都を目指した。

そして今。かつてないほど、多くの観光客が訪れ、更には京都に移り住む人たちも増える一方だ。

古今にわたって、内外から、人はなぜ京都に集まるのか。

世界遺産を筆頭に、広く知られた寺社があり、三大祭に代表される歳時があり、かてて加えて美味しいものがたくさんあるから。

だが決してそれだけで、人が京を目指すのではない。目には見えず、耳にも聞こえないが、京都には〈しあわせ〉という空気が満ち溢れている。それを肌で感じ取っているからこそ、多くの人々が京都に集い、そして誰もが笑顔を浮かべる。

しあわせの街京都へようこそ。

二〇一五年九月

『京都しあわせ倶楽部』編集主幹　柏井　壽（作家）